すぐわかる！
教育法規

第2次改訂版

窪田眞二［編］

学陽書房

第2次改訂にあたって

　近年、保護者や社会の意識も変わってきて、学校でも多様な問題が発生するようになってきた。学校にいる子どもたちや教職員と教育活動を守り、それらの問題に対応できる法的な知識がますます教職員に求められるようになってきている。

　そうした状況に対応でき、かつコンパクトにわかりやすくまとまった教育法規の入門書として、校務や管理職試験、採用試験に必要なポイントのみに絞ってまとめたのが本書である。現場の教職員、管理職の方々にとって役立つものになることを願っている。

　このたびの第2次改訂にあたっては、学校教育法の改正による義務教育学校制度の創設や事務職員の職務規定の改正、教育公務員特例法の改正による中堅教諭等資質向上研修の導入や教員としての資質の向上に関する指標と教員研修計画の策定、地方教育行政法の改正による共同学校事務室の規定整備などに対応した改訂を行った。

　また、障害者差別解消法の施行、労働安全衛生法の改正などについても取り上げたほか、統計的なデータ等について最新の数値とするなどの見直しを行っている。

　本書に関わってくださった多くの方々、とくに学陽書房の山本聡子氏、河野史香氏、福井香織氏に感謝申し上げる。

　平成30年3月31日

編者　窪田眞二

第２次改訂にあたって　3

序章　すぐわかる教育法規の基本　11

教育に関わる法規の基本 ……12
1. 教育基本法 ……14
2. 学校教育法 ……16
3. 学校教育法施行令・施行規則 ……18
4. 設置基準 ……20
5. 学校管理規則 ……22
6. 教育公務員特例法 ……24
7. 教育職員免許法 ……26
8. 地方教育行政法 ……28
9. 学校保健安全法 ……30

コラム　義務教育学校の制度化 ……32

第1章　教育の基本と学校運営に関わること　33

教育の基本
1. 教育を受ける権利と学習権 ……34
2. 教育の目標 ……36
3. 特別の教科　道徳 ……38
4. 教育振興基本計画 ……40
5. 学校、家庭及び地域住民等の連携協力 ……42

学校経営・管理職の職務

1. 校長の職務 ……44
2. 副校長と教頭の職務 ……46
3. 主幹教諭、指導教諭の職務 ……48
4. 主任制度 ……50
5. 職員会議の法的位置づけ ……52
6. 校務の分掌 ……54
7. 学校経営方針、学校経営計画 ……56
8. 学校評価 ……58
9. 文部科学省と都道府県教育委員会、市町村教育委員会の役割分担 ……60
10. 学校と教育委員会との関係 ……62

児童生徒の在学（入学・進級・卒業）

1. 区域外就学 ……64
2. 転学、編入学、休学、復学、退学の許可 ……66
3. 児童生徒の懲戒 ……68
4. 出席停止 ……70
5. 指導要録 ……72
6. 法定表簿と保存期間 ……74

教育課程

1. 学習指導要領の弾力的運用 ……76
2. 教育課程の編成 ……78
3. 他校での単位修得、学修による単位授与 ……80
4. 学校の臨時休業 ……82
5. 人権教育 ……84

コラム 学校施設の目的外使用 ……86

第2章　教員の職務に関すること　87

教員の服務

1. 服務の根本基準 ……88
2. 思想・良心の自由と公務員の職務 ……90
3. 法令等及び上司の職務上の命令に従う義務 ……92
4. 信用失墜行為の禁止 ……94
5. 秘密を守る義務 ……96
6. 職務に専念する義務 ……98
7. 政治的行為の制限 ……100
8. 争議行為等の禁止 ……102
9. 兼職、他の事業等の従事 ……104

研修・資格

1. 教育職員検定と教員資格認定試験 ……106
2. 教員免許状更新制度 ……108
3. 法定研修 ……110
4. 研修と校長の裁量権 ……112
5. 指導改善研修と指導力不足教員の認定 ……114
6. 大学院修学休業 ……116

勤務条件

1. 勤務条件 ……118
2. 勤務時間の割り振り ……120

3. 教員の時間外勤務 ……122
4. 教員の服務の管理 ……124
5. 人事評価 ……126
6. 分限と懲戒 ……128
7. 市町村立学校の教職員人事 ……130
8. 免許状を要しない非常勤の講師、特別免許状 ……132
9. 臨時的任用、任期付き任用、非常勤講師 ……134
10. 県費負担教職員の任命の手続き ……136
11. 県費負担教職員と市費負担教職員 ……138
12. 産休、育休と補助教職員の確保 ……140
13. 休日・休業日・週休日・代休 ……142
14. 休憩時間 ……144
15. 年次休暇・特別休暇 ……146
16. 公務災害 ……148
17. 病気休職と病気休暇 ……150

教員のコンプライアンス

1. 体罰の禁止 ……152
2. 学校における個人情報の管理 ……154
3. 学校における著作物の扱い ……156
4. ハラスメントの防止 ……158

コラム OECD 国際教員指導環境調査（TALIS）について ……160

第3章 子どもの安全・保健・福祉に関わること　161

学校保健

1. 健康診断、健康相談 ……162
2. 感染症の予防と対応 ……164
3. 学校環境衛生基準 ……166
4. 学校給食衛生管理基準 ……168
5. 学校におけるアレルギー疾患に関する取組 ……170

学校安全

1. 危機管理マニュアル（危険等発生時対処要領）の作成と見直し ……172
2. 学校事故と災害給付 ……174
3. 公立学校での学校事故と損害賠償 ……176
4. いじめへの組織的対応 ……178
5. 安全、安心なインターネットの利用 ……180

特別支援教育・就学への支援

1. 特別支援学校のセンター的機能 ……182
2. 認定特別支援学校就学者の入学 ……184
3. 学校におけるバリアフリー ……186
4. 発達障害者への支援 ……188
5. 就学困難な児童生徒への援助 ……190
6. 教育扶助とその方法 ……192

児童福祉と保護

1. 健康・体力づくりと食育 ……194
2. 放課後児童健全育成事業 ……196
3. キャリア教育と子ども・若者育成支援 ……198
4. 年少者への配慮 ……200
5. 少年の保護と審判 ……202
6. 児童虐待と学校の対応 ……204

コラム　学校安全の推進 ……206

第4章 トラブル対応編 207

1. 休み時間中の生徒間事故に対する学校の安全配慮義務 ……208
2. 懲戒と体罰の判別 ……210
3. 生徒の暴行に対して、教員がとることのできる対抗措置 ……212
4. 公立学校における教育情報の公開・開示 ……214
5. 校則を守らなかったことに対する学校の裁量 ……216
6. 私費会計をめぐる問題（祝い金の授受など）……218
7. 学校での生徒指導とプライバシーの保護 ……220
8. ネット上のいじめへの学校の対応 ……222
9. 保護者からの理不尽な要求への対応 ……224

凡 例

◎本書における法令名等の略記は以下のとおりです。

旧教育基本法	2006（平成18）年の改正前の教育基本法
新教育基本法	2006（平成18）年の改正後の教育基本法
義務標準法	公立義務教育諸学校の学級編制及び教職員定数の標準に関する法律
憲法	日本国憲法
雇用機会均等法	雇用の分野における男女の均等な機会及び待遇の確保等に関する法律
就学奨励法	就学困難な児童及び生徒に係る就学奨励についての国の援助に関する法律
地教行法・地方教育行政法	地方教育行政の組織及び運営に関する法律
中教審	中央教育審議会

※本書の内容は、平成30年3月31日現在のものを基本としている。

序章

すぐわかる
教育法規の基本

教育に関わる法規の基本

日本では学校教育の運営について細部まで法規により規定されている。その教育法規の基本的な体系を知っておこう。

◆ 教育法規の体系

　日本の教育法規は、下図のようになっている。図の左の方が上位法、右に行くにつれて下位に位置づけられる。制定法（成文法）の国家法令のなかで、法律（学校教育法など）、政令（学校教育法施行令など）、省令（学校教育法施行規則など）、告示（教科用図書検定基準など）に基づいて、各地方公共団体が定める自治法令である条例が定められる。告示等はそれ自体としては法的な拘束力をもたないが、根拠となる法令（省令など）により、法的な効果が発生することがある。

　法律改正が行われると、それに伴って、政令や省令が改正される。併せて、

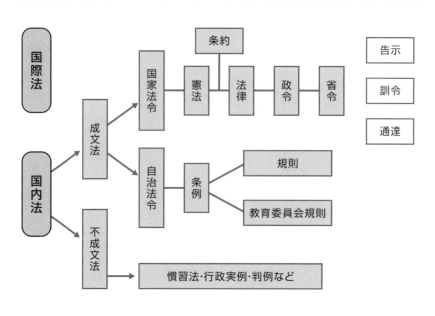

各地方公共団体の条例や規則（教育委員会規則、学校管理規則）も改正される。

◆ **教育に関わる法規の現状**

　教育に関わる法規は、近年大きな変化を経てきている。

　教育基本法が、1947（昭和22）年に制定されて以来初めて59年ぶりに2006（平成18）年に全面的に改正されたことをはじめ、2007（平成19）年には、「教育三法の改正」と通称された、学校、教育行政そして教員に関わる大きな法律の改正があった。それらの改正に伴って、省令改正も行われている。とくに学校教育法施行規則（省令）は、戦後140回以上改正されてきた。2007（平成19）年12月の改正では、条文番号の付け直しが行われ、この時の改正で新たに追加された条文はなかったにもかかわらず、同規則の本則部分だけで条文数は従来の2倍を超える191条となった。

◆ **教育に関わる法規の制定・改正動向**

　教育三法には、学校教育法、地方教育行政の組織及び運営に関する法律（地教行法）、教育職員免許法（教免法）そして教育公務員特例法（教特法）が含まれる。教免法と教特法の改正は1つの法案として出されたので「三法」といわれる。

　これらの教育法令の改正に伴って、各地方公共団体の教育委員会が定める学校管理規則（〇〇立学校の管理運営に関する規則など）の改正が行われている。また、規制改革や地方分権改革を反映して、過去15年ほどの間に、学校管理規則の見直しが進んでいるので、留意すべきであろう。

　どのような法令が、どのような位置づけにあるかを踏まえて、管理職試験や教員採用試験で出題されることの多いいくつかの法律について、次ページからそれらの最近の動きを紹介する。

　とくに、学校保健法を改称した学校保健安全法は、近年の教育政策のキーワードともいえる「学校での安全・安心」に大きな関わりがあるので取り上げている。小学校と中学校の学校設置基準は2002（平成14）年に制定されたものであるが、それまで未制定であったので、概説している。

1 教育基本法

他の学校教育法等の教育関連法を定める上での基本を定めている、準憲法的な性格の法律。

◆ 教育基本法の改正

　教育基本法は、2006（平成18）年に1947（昭和22）年制定後初めて改正された。改正までの経緯を見ると、2000（平成12）年12月22日に教育改革国民会議が報告書「教育を変える17の提案」のなかで教育基本法の見直しと教育振興基本計画の策定の必要性を提言し、これを受けた文部科学大臣の諮問に基づいて、中教審は、2003（平成15）年3月20日「新しい時代にふさわしい教育基本法と教育振興基本計画の在り方について」を答申した。これを受け、2006年、政府により教育基本法改正案が国会に提出され、新しい教育基本法が成立した。

◆ 規定の変更点

（1）理念・目的・目標

　前文では新たに「公共の精神」の尊重、「豊かな人間性と創造性」「伝統の継承」を規定している。一方で旧法前文にあった憲法と教育基本法との関係を明示した部分が削除された。教育の目的（第1条）では、「個人の価値」「自主的精神に充ちた」が削除され、教育の目標（第2条）のなかの項目として規定された。この教育の目標は旧法の教育の方針に代わる新設条文であり、「公共の精神」「生命、自然、環境」等の目標項目とともに、「我が国と郷土を愛するとともに、他国を尊重」する態度を養うことが目標として規定された。

（2）教育の機会均等・義務教育

　教育の機会均等（第4条）では、障害のある者が十分な教育を受けられるよう、教育上必要な支援を講ずべきことが追加規定された。義務教育（第5条）では、「9年の普通教育」が削除され、別に法律で定めると規定された。これは、将来的に年限の延長の可能性も視野に入れたものとされている。また、義務教育で「各個人の有する能力を伸ばしつつ」との文言が追加され、これに続いて

「社会において自立的に生きる基礎を培い、また、国家及び社会の形成者として必要とされる基本的な資質を養うこと」が義務教育の目的として規定された。

（3）学校教育・教員

第6条第2項において、教育を受ける者が「学校生活を営む上で必要な規律」と「自ら進んで学習に取り組む意欲を高めること」を重視するとの規定が盛り込まれた。旧法では学校教育について規定した条文中に含まれていた教員の身分についての規定を独立させたほか、「教員の身分は尊重され、その待遇の適正が期せられなければならない」という文言に、「養成と研修の充実が図られなければならない」が追加規定された。

（4）教育行政

旧教育基本法第10条の「教育は、不当な支配に服することなく、国民全体に対し直接に責任を負って行われるべきもの」が、新教育基本法第16条では「教育は、不当な支配に服することなく、この法律及び他の法律の定めるところにより行われるべきもの」という表記となった。旧法第10条で解釈上の争点であった「諸条件の整備確立を目標として行われなければならない」は条文からなくなった。一方、「不当な支配」の主体については、「国会において制定される法律に定めるところにより行われる教育が不当な支配に服するものではないことを明確にした」ものと政府により説明されている。

◆ 新設・廃止された条文

以上の主な変更点のほかに、新設された条文は次のとおりである。
(1) 生涯学習の理念（第3条）、(2) 大学（第7条）、(3) 私立学校（第8条）、(4) 家庭教育（第10条）、(5) 幼児期の教育（第11条）、(6) 学校、家庭及び地域住民等の相互の連携協力（第13条）、(7) 教育振興基本計画（第17条）。

唯一廃止された条文は、男女共学（旧法第5条）である。

2 学校教育法

幼稚園から大学までのすべての学校のしくみについて規定した基本的な法律。

　学校教育法は、1947（昭和22）年制定以来、幾度となく改正されてきた。
　最近では、2004（平成16）年の栄養教諭制度の創設、2005（平成17）年の大学等の教員の職名に関する改正と短期大学士の学位創設、2006（平成18）年の児童生徒等の障害の重複化に対応した適切な教育を行うために盲・聾・養護学校から障害種別を超えた特別支援学校とするなどの改正が行われている。2007（平成19）年には4つの点で大きな改正が行われた。

◆ 各学校種の目的及び目標の見直し等

　2007年改正では、新教育基本法の教育理念を踏まえて、新たに義務教育の目標を定め、幼稚園から大学までの各学校種の目的・目標が新しくなった。また、学校種の規定順が、従来は幼稚園を最後に挙げていたが、これを最初に規定した。
　学校の目的・目標については、これまで各学校種ごとに規定していたが新教育基本法第5条第2項に規定する目的を実現するために、「義務教育として行われる普通教育」の目標として一括して規定し、小学校については、「義務教育として行われる普通教育のうち基礎的なものを施すこと（第29条）」、中学校については、「義務教育として行われる普通教育を施すこと（第45条）」を目的とするとした。
　幼稚園については、「義務教育及びその後の教育の基礎を培うもの（第22条）」としての位置づけが明確化された。
　なお、高等学校については、改正前は「高等普通教育及び専門教育」と規定されていた文言が「高度な普通教育及び専門教育（第50条）」と改正された。

◆ 副校長その他新しい職の設置

　同改正では、また、学校における組織運営体制や指導体制の確立を図ることを目的として、幼稚園、小中学校等に副校長（副園長）、主幹教諭、指導教諭

> ### ● 2007（平成19）年に設置された職
> 副校長（副園長）＝校長（園長）を助け、命を受けて校務（園務）をつかさどる
> 主　幹　教　諭＝校長（園長）／副校長（副園長）及び教頭を助け、命を受けて校務（園務）の一部を整理するとともに、児童生徒の教育（幼児の保育）をつかさどる
> 指　導　教　諭＝児童生徒の教育（幼児の保育）をつかさどるとともに、他の教諭等に対して、教育指導（保育）の改善・充実のために必要な指導・助言を行う

という職を置くことができることとなった（第27・37・49・62・70条）。その職務は、表のように規定された。

◆ 学校評価と情報提供に関する規定の整備

同改正では、小学校等の設置基準に2002（平成14）年に設けられた学校評価に関わる規定が法律に格上げされ、学校は学校評価を行い、その結果に基づき学校運営の改善を図ることにより、教育水準の向上に努めなければならないと規定された（第42条）。併せて、学校は、保護者等との連携・協力を推進するため、学校運営の状況に関する情報を積極的に提供するものとすると規定された（第43・49・62・70条）。

◆ 大学等の履修証明制度

2007（平成19年）には、社会人等を対象とした特別の課程（教育プログラム）を履修した者に対して大学等が証明書を交付できることが規定された（第105条）。

◆ その他の主な改正

2014（平成26）年には、大学改革を学長のリーダーシップのもとに促進させるために、大学運営における学長の権限を強化する改正が行われた。

また、2016（平成28）年4月1日に施行された改正法では、新しい学校種として小中一貫教育を行う義務教育学校を設置することができることとなった。

さらに、学校の事務職員が広い視点で校務運営を補佐できるよう職務規定の改正が2017（平成29）年4月1日施行で行われた。これは、「チームとしての学校」を進めて学校のマネジメント機能の強化を図ることがねらいとされている。

3 学校教育法施行令・施行規則

施行令は、主に教育委員会の行う行政事務の執行について規定し、施行規則は段階ごとの学校教育の詳細について規定する。

◆ 学校教育法施行令

　法律を行政機関が実施する上で必要な規定を内閣が定めたものを政令といい、学校教育法に関する政令がこの施行令である。下表の章立てからもわかるように、義務教育に関する規定と認可、届出、指定に関する規定を主に扱う。

●学校教育法施行令

第1章　就学義務
第2章　視覚障害者等の障害の程度
第3章　認可、届出等
第4章　技能教育施設の指定
第5章　認証評価
第6章　審議会等

◆ 学校教育法施行規則

　施行規則は、上記の施行令を受けて文部科学大臣が定める「省令」に位置づけられ、2007（平成19）年6月の学校教育法改正に伴い、学校教育法施行規則が同年12月25日に文部科学省令第40号として改正された。

◆ 学校評価に関する新規追加規定

　2007年改正の学校教育法では、学校評価について、「教育活動その他の学校運営の状況について評価」を行うよう努めるべきことが規定され、そこで「文部科学大臣の定めるところにより」とされていたため、施行規則にも新規に追加規定された。すなわち、ここで自己評価と並んで、学校関係者評価（外部評価）と評価結果の公表が努力義務として規定されたのである。また、併せて設置者への報告義務が原則として課せられることになった（施行規則第66〜68

条）。

◆ 民間人教頭、副校長の任用

　2007年の改正学校教育法の柱の１つとして、新しい職の設置が挙げられるが、これに対応した改正が施行規則でも行われている。たとえば、副校長にも校長・教頭の資格の弾力化と同様に民間人副校長を採用することができることとなった（第23条）。

◆ 特別の教育課程の編成

　2014（平成26）年４月１日に施行された施行規則の改正では、社会の国際化対応の措置が盛り込まれた。これまでも、障害をもつ児童生徒に対して、その障害の程度に応じて特別の指導を行う必要があるものを教育する場合に、特別の教育課程の編成ができることとされていた（施行規則第140条）が、社会の国際化が進展し、小学校や中学校において、帰国生や外国人に対する日本語指導をいっそう充実させる観点から、在籍学級以外の教室で行われる指導について特別の教育課程を編成して実施することができるようになった（施行規則第56条の２、第79条、第108条第１項及び第132条の３）。日本語の能力に応じた特別の指導に係る授業時数は、年間10単位時間から280単位時間までが標準とされている。

　また、2016（平成28）年４月１日施行の学校教育法改正で創設された義務教育学校において、学校認定教科として小中一貫教科等の設定が認められることとなったほか、９年間の計画的で継続的な教育を行うために、小学校段階と中学校段階の学習内容の一部を入れ替えたり、移行したりして指導することができることとなった。中学校の指導内容の一部を小学校段階に移行した場合、中学校段階では再度指導しないことも認められる（施行規則第79条の７）。

　さらに、2017（平成29）年４月１日施行の規則改正により、中学校や高等学校等での部活動の技術的な指導に従事する部活動指導員について、名称や職務等を明らかにする規定が整備され、学校における部活動の指導体制の充実が図られることとなった（施行規則第78条の２）。

4 設置基準

小学校と中学校の設置基準は平成14（2002）年に初めて制定された。これにより私立学校の設置促進が目指された。

◆ 設置基準の法令上の位置づけ

　国の法令は、憲法を最高法規として、国会で制定される法律、内閣が閣議で決定する政令、そして省の長である大臣が主任事務について定める命令としての省令により構成される。学校教育法についていえば、学校教育法施行令が政令で、学校教育法施行規則は省令である。設置基準や教科用図書検定基準などの基準も省令である。これらのほかに、行政庁が決定した事項を一般に知らせる告示や上級機関から下級機関への命令や伝達のための訓令・通達などがあるが、これらは一般には法的な拘束力がない。告示である学習指導要領については、学校教育法施行規則（省令）で「文部科学大臣が別に公示する学習指導要領によるものとする」と規定しているため、法的な拘束力があるとする判例が見られる。

　学校教育法第3条により、学校を設置しようとする者は、文部科学大臣の定める設備、編制その他に関する設置基準に従って設置しなければならないが、小学校と中学校の設置基準については2002（平成14）年に制定された。

◆ 小学校・中学校設置基準の規定

　小学校と中学校の設置基準はともに3章12条構成であることや、各条のタイトルもまったく同じであるなど、共通部分が多い。

　第1章（総則）の第1条（趣旨）では、①法令及びこの基準の定めるところにより学校を設置すること、②設置基準は設置に必要な最低の基準であること、③編制、施設、設備等が基準を下回らないようにすることはもとより、設置者は水準の向上を図ることに努めなければならないこと、とされている。

　第2条は、自己点検・自己評価及び結果の公表義務を規定し、第3条は、学校情報を積極的に保護者等に提供するものとすると規定していた。これらは、大学等の高等教育機関を除く他の学校種の設置基準においては設けられていな

かった条文であり、この小・中学校設置基準に規定されたことに伴い、それまでこの規定のなかった学校種の設置基準に同様の条文が追加されていた。第2条と第3条の規定は、2007（平成19）年の学校教育法の改正により、法律規定に格上げされると同時に設置基準から削除された。大学については、学校教育法第109条において、自己評価と結果公表義務が規定され、さらに認証評価機関による定期的な評価を受ける義務が規定されている。

　編制に関する第2章は、1学級の児童（中学校では生徒）数を法令に特別の定めがある場合を除き40人以下と規定した第4条、学級の編制を、同学年の児童で編制するものとすると規定した第5条、教諭の数を、1学級当たり1人以上とすると規定した第6条により構成される。いずれも、特別の事情がある場合のただし書きが付されている。たとえば、教諭の数については、特別の事情があり、かつ、教育上支障がない場合は、校長、副校長もしくは教頭が兼ね、または助教諭もしくは講師をもってこれに代えることができるとされている。また、同条では小学校（中学校）に置く教員等は、教育上必要と認められる場合は、他の学校の教員等と兼ねることができるとして、他校との兼任を認めている。

　施設・設備に関する第3章は、一般的基準として、小学校（中学校）の施設及び設備は、指導上、保健衛生上、安全上及び管理上適切なものでなければならないと規定した第7条、校舎及び運動場の面積等を定めた第8条、校舎に備えるべき施設として、教室（普通教室、特別教室等）、図書室・保健室、職員室のほか必要に応じて、特別支援学級のための教室を備えるものとすると規定した第9条、その他の施設として、校舎及び運動場のほか、体育館を備えるものとすると規定した第10条、校具及び教具について規定した第11条、他の学校等の施設及び設備の使用について規定した第12条により構成される。

　小学校と中学校のほとんどを占める公立学校については義務標準法などさまざまな法令が整備され、一方の私立学校については都道府県レベルで審査基準が設けられていたため、小学校と中学校の設置基準の制定が遅れた。私立学校設置の審査基準を公立並みにして、私立学校の設置を促進するために設置者にかかわらず適用される設置基準が制定された。私立小学校は、平成13年度は172校であったが平成29年度には231校に増えた。

5 学校管理規則

法令に従いつつ、各地方公共団体により規定される教育委員会の規則。学校教育の全般に渡り基本的事項を定めているもの。

◆ 市町村が制定の主体に

1999（平成11）年の地方分権の推進を図るための関係法律の整備等に関する法律の成立により2013（平成25）年地教行法の教育委員会による基準の設定に関する条文が削除され、学校管理規則の準則規定がなくなった。これにより、都道府県教育委員会が有していた準則制定権の根拠がなくなり、2000（平成12）年から市町村教育委員会が独自に学校管理規則を制定することが可能となった。「〇〇立〇〇学校の管理運営に関する規則」などがそれである。

根拠となる規定は、地教行法第33条である。「教育委員会は、法令又は条例に違反しない限度において、その所管に属する学校その他の教育機関の施設、設備、組織編制、教育課程、教材の取扱その他学校その他の教育機関の管理運営の基本的事項について、必要な教育委員会規則を定めるものとする。」この規定に基づき、校長は、学校管理規則に則って、所属する教職員に校務を分掌させ、校務の統括者として副校長や教頭を通じて全般的な調整・統合を図ることで学校運営を行う。

◆ 学校管理規則の規定内容

一般には、学校管理規則は以下の4つの領域に関わる規定をもっている。各領域に示す内容な規定例である。

① **教育管理**

学級編制の決定、出席簿の様式決定、卒業証書の様式決定、学期の決定、休業日の決定、振替授業の許可、教育課程の基準決定、教育課程承認（届出）受理、教科書需要数の報告、補助教材承認（届出）受理、学校行事（宿泊つき）の承認、指導要録の様式決定、性行不良者の出席停止　等

② **組織管理**

校長代理・代行の届出、職務命令、校務分掌の届出受理、教務主任、学年主

任等の任命、消防計画・防火管理者の設定、消防訓練の実施、出張の命令、研修の実施　等

③　**人的管理**

服務監督一般、長期休養承認の指示、専従休暇等の承認、秘密事項の発表の許可、営利企業への従事等、有償兼職等の許可、人事内申　等

④　**物的管理**

教育財産の管理、学校施設占有返還命令、学科増減、校長に対する指揮監督、施設特別利用許可の承認、校内規程の承認　等

◆ 学校管理規則に示される校長の職務内容

校長の職務内容には、次のようなものがある。

①　**教育管理**

学級編制案の作成、学校保健計画の作成、教育課程の編成、教務主任、学年主任等の任命についての意見の申出、学級担任の決定、補助教材の選定、進級認定・原級留置、児童生徒の懲戒の基準認定　等

②　**組織管理**

職員会議の招集と主宰、校務分掌の決定、人事評価、職務命令　等

③　**人的管理**

服務監督、休暇請求の承認、勤務時間の割り振り、学校評議員の推薦　等

④　**物的管理**

学校施設の目的外使用の許可、学校施設・設備の管理、設備物品の管理、警備防火の計画と実施　等

◆ 学校管理規則の見直しを学校裁量

1998（平成10）年中教審答申において、学校管理規則の具体的改善方策として、地域の状況や学校の種類、目的等に応じた内容の学校管理規則を制定する方向で見直すことなどが求められ、学校の管理運営に関する責任を保護者や地域住民に明確に説明する観点からの見直しが進められた。

教育課程の編成、副教材の使用、宿泊を伴う学校行事の決定、休業日の変更、学期の設定等について、許可や承認による関与を行わない教育委員会が増え、学校の自主的判断に委ねるようになっている。

6 教育公務員特例法

公立学校の教員には、地方公務員法（一般法）と教育公務員特例法（特別法）の両法が適用される。特別法が一般法に優先する。

◆ 教育公務員と地方公務員

　地方公務員のうち教育を通じて国民全体に奉仕する者を教育公務員といい、その職務と責任の特殊性に基づいて、総則（第1章）に始まり、任免、給与、分限及び懲戒（第2章）、服務（第3章）、研修（第4章）、大学院修学休業（第5章）、職員団体（第6章）、教育公務員に準ずる者に関する特例（第7章）について定めている。

　一般の公務員と教育公務員の服務上の規定で異なる点としては、①研修、②政治的行為の制限、③兼職及び他の事業等の従事があげられる。①では教育公務員の研修は義務とされているが、一方で長期にわたる派遣研修制度や大学院修学休業制度がある。②では、教育公務員は地方公務員であるが、国家公務員と同様の制限がある。③では、教育公務員は、教育に関する他の職を兼ね、または教育に関する他の事業もしくは事務に従事することが本務の遂行に支障がないと任命権者において認める場合には、給与を受け、または受けないで、その職を兼ね、またはその事業もしくは事務に従事することができる。

◆ 指導が不適切な教員の人事管理の厳格化

　2007（平成19）年6月の教育公務員特例法の改正では、指導が不適切な教員の人事管理の厳格化のための改正が行われた。

　公立の小学校等の教諭等の任命権者は、幼児、児童または生徒に対する指導が不適切であると認定した教諭等に対し、その能力、適性等に応じて指導改善研修を実施しなければならないとされ、指導改善研修の期間は、1年を超えてはならないとされた（第25条）。期間については、任命権者がとくに必要があると認めるときは、指導改善研修を開始した日から引き続き2年を超えない範囲内で、これを延長することができるとのただし書がある。

　任命権者は、指導改善研修の実施に当たっては、指導改善研修を受ける者ご

とに計画書を作成し、指導改善研修の終了時に指導の改善の程度に関する認定を行わなければならない。

　指導の改善が不十分でなお児童等に対する指導を適切に行うことができないと任命権者が認める教諭等に対しては、免職その他の必要な措置が講じられることになる（第25条の２）。

　指導不適切教員の認定に当たっては、児童等に対する指導に関する専門的知識を有する者及び区域内の保護者などの意見を聴かなければならないことのほか、必要な事項は教育委員会規則で定めることと規定された。なお、附則第７条では、政令市以外の市町村教育委員会に係る指導改善研修の特例が規定され、上記第25条及び第25条の２が当分の間適用されないが、市町村教育委員会は、任命権が当該教育委員会に属する教諭等で指導が不適切であると認める者に対し、指導改善研修に準ずる研修その他必要な措置を講じなければならない。

◆ 公務員制度改革に伴う改正

　2014（平成26）年５月に公布された地方公務員法及び地方独立行政法人法の一部を改正する法律による、いわゆる公務員制度改革の一環として、①能力及び実績に基づく人事管理の徹底（人事評価制度の導入）、②再就職者による依頼等の規制の導入（退職管理の適正の確保）のための措置が図られることとなった。これに伴い、本法の改正では、任用（採用、昇任、降任、転任）の定義の明確化と併せて、職員の任用は職員の人事評価その他の能力の実証に基づき行うために、標準職務遂行能力について任命権者が定めることなどが規定された。

◆ 資質向上に関わる改正

　2016（平成28）年11月に、教員の資質向上に関わる規定の改正が行われた。まず、10年経験者研修を改め中堅教諭等資質向上研修が創設され、公立小学校等の教員（校長を含む。以下同じ）の任命権者に教員としての資質の向上に関する指標と教員研修計画の策定が義務づけられた。また、公立小学校等の校長及び教員の任命権者は、指標の策定や教員の資質の向上に関して必要な事項についての協議を行うための協議会を組織することとされた。

7 教育職員免許法

教員免許の運用については、近年弾力化が進んでいる。一方で、免許更新制についての十分な理解が求められている。

◆ **教育職員免許法の構造**

本法は、教育職員の免許に関する基準を定め、教育職員の資質の保持と向上を図ることを目的として下表に示す事項について定めている。この法律により、教育職員（学校教育法の高等教育機関以外の学校の主幹教諭、指導教諭、教諭、助教諭、養護教諭、養護助教諭、栄養教諭及び講師等）は、この法律により授与する各相当の免許状を有する者でなければならない（相当免許状主義）。

◆ **教育職員免許法の改正──教員免許更新制の導入**

2007（平成19）年6月公布の改正で、免許状取得後10年ごとに更新講習を受けることを条件とする免許更新制が発足した。特別免許状についても、免許状の有効期間は10年とされた。免許状を有する者の申請により免許管理者（現職の教員の場合は勤務地の、その他の場合は住所地の都道府県教育委員会）が、更新することができる（第9条の2）。更新対象となる免許状を2種類以上有する場合、それらのうち有効期間満了日がもっとも遅い日までが有効期限となる。

免許状更新講習の課程を修了した者のほか、知識技能その他の事項を勘案して免許状更新講習を受ける必要がないものとして文部科学省令で定めるところにより免許管理者が認めた者（免除対象者）に対しても更新が行われる（同条第3項）。具体的には、管理職者や主幹教諭などの教員を指導する立場にある者や、優秀教員表彰者が免除対象者となる。

有効期間の延長については、後述の指導改善研修を受けていて免許状更新講習を受けることができないことその他文部科学省令で定めるやむを得ない事由により、その免許状の有効期間満了日までに免許状更新講習の課程を修了することが困難であると認めるときは、文部科学省令で定めるところにより相当の期間を定めて、その免許状の有効期間が延長される。

更新講習を受けられる者は、①教育職員及び文部科学省令で定める教育の職

にある者、②教育職員に任命され、または雇用されることとなっている者及びこれに準ずるものとして文部科学省令で定める者と限定されている。

◆ **懲戒免職処分や分限免職処分を受けた者の免許状の取扱い**

　免許状の失効に関する規定としては、①教育職員免許法第５条第１項第３・４・７号のいずれかに該当するに至ったとき、②公立学校の教員であって懲戒免職の処分を受けたとき、と規定されている。①の場合、第３号が成年被後見人または被保佐人となったとき、第４号が禁錮以上の刑に処せられた者、第７号が憲法施行日以後に、憲法またはその下に成立した政府を暴力で破壊することを主張する政党その他の団体を結成し、またはこれに加入した者、をそれぞれ指している。これらに加えて、公立学校の教員が懲戒免職または分限免職の処分を受けたときは、その免許状はその効力を失うこととする旨の規定が第10条にある。

◆ **保育教諭制度の導入**

　子ども・子育て関連３法の成立（平成24年）による子ども・子育て支援新制度が2015（平成27）年度から始まった。これにより幼保連携型認定こども園は単一の施設として設置・運営されることとなり、新しい幼保連携型認定こども園で子どもの教育・保育に従事するには、幼稚園教諭免許と保育士資格の両方を持つ「保育教諭」であることが求められる。経過措置として、2020（平成32）年３月31日までは幼稚園教諭免許、保育士資格のいずれか一方のみの所有者が、もう一方の免許・資格の取得を促進するための特例制度がある。

◆ **義務教育学校創設に伴う改正**

　2015（平成27）年１月公布の改正により、免許状を授与される際に必要となる最低修得単位数について、最低必修単位数の半数を限度として、授与を受ける免許状に関連のある学校での教職経験１年毎に３単位を修得したものとみなすなどの規定が加わった。例えば、小学校の教員免許しか持っていない教員が義務教育学校に勤務する場合に、中学校の免許を取得することが求められるが、その負担軽減のための規定である。削減後の具体的な修得方法については、半数まで削減した場合の修得方法を規定した上で、それ以外の場合の修得方法については、都道府県の教育委員会規則で定めることとするとされた（教育職員免許法施行規則第18条の２、第18条の４、第18条の５）。

8 地方教育行政法

地方における教育行政の基本理念とともに、教育委員会が管理執行すべき事項について定めた法律。地方分権、規制改革という大きな動きが教育行政の在り方にも影響を与えている。とくに、教育委員会の活性化は強く求められている。

◆ **地方教育行政の組織及び運営に関する法律（地教行法）の改正**

　教育委員会の役割を含む地方教育行政の在り方については、1998（平成10）年の中教審答申「今後の地方教育行政の在り方について」、同審議会教育制度分科会地方教育行政部会による「地方分権時代における教育委員会の在り方について」（部会まとめ、2005（平成17）年1月）、同年10月の義務教育特別部会による答申「新しい時代の義務教育を創造する」、さらに教育基本法の改正（2006（平成18）年12月）、教育再生会議第一次報告（2007（平成19）年1月）を踏まえ、教育委員会の責任体制の明確化や体制の充実、教育における地方分権の推進等について所要の改正が行われた。

◆ **教育委員会の責任体制の明確化**

　2007（平成19）年6月公布の改正では、①教育委員会の責任体制の明確化（地方教育行政の基本理念の明示、合議制の教育委員会が自ら管理執行する必要がある事項の明確化、教育委員会の活動状況の自己点検・評価）、②教育委員会の体制の充実（教育委員会の共同設置等の連携推進による教育行政の体制整備・充実、市町村教委における指導主事配置の推進、国・都道府県による教育委員の研修）、③教育における地方分権の推進（教育委員数の弾力化、首長による文化・スポーツ事務の担当認容、県費負担教職員の同一市町村内での転任における市町村教委の内申尊重）、④教育における国の責任の果たし方（教委の法律違反等についての文部科学大臣の是正・改善指示、文部科学大臣による講ずべき措置等の是正の要求）、⑤私立学校に関する教育行政（知事が教委に専門的事項について助言・援助を求めることができる）といった改正があった。

◆ **新しい教育委員会制度**

　2014（平成26）年6月公布の改正では、教育委員長と教育長を一本化した新「教育長」が設置され、教育長のチェック機能を強化するとともに責任体制の

明確化が図られた。また、すべての地方公共団体に首長と教育委員により構成される総合教育会議を設置し、首長は総合教育会議で協議して教育の振興に関する施策の大綱を策定することとされた。

◆ **新しい教育長と総合教育会議**

　教育長は、教育委員会の会務を総理し、教育委員会を代表する。教育長は、会議の主宰者であり、具体的な事務執行の責任者であり、かつ事務局の指揮監督者でもある。任期は3年。首長が直接教育長を任命する。第一義的な責任者が教育長であることが明確になったと説明されている。

　総合教育会議については、首長が招集し、会議は原則公開とする。構成員は首長と教育委員会とされ、必要に応じ意見聴取者の出席を要請できる。

　総合教育会議という会議体を教育委員会とは別に設置することによって、首長が教育行政に果たす責任や役割が明確になるとともに、首長が公の場で教育政策について議論することが可能になる。首長と教育委員会が協議・調整することにより、両者が教育政策の方向性を共有し、一致して執行にあたることが可能になると説明されている。

　また、教育長へのチェック機能の強化と会議の透明化が図られ、教育委員の定数1／3以上からの会議の招集の請求が可能となったほか、教育委員会規則で定めるところにより、教育長に委任した事務の管理・執行状況を報告する義務について規定された。会議の透明化のために、原則として会議の議事録を作成・公表することとされた。これにより、教育委員会の審議が活発化することが期待されている。

　首長が策定する教育に関する「大綱」とは、教育の目標や施策の根本的な方針を意味する。総合教育会議において、首長と教育委員会が協議・調整をした上で、首長が策定するとされている。首長及び教育委員会は、策定した大綱の下に、それぞれの所管する事務を執行することになる。

◆ **共同学校事務室**

　2017（平成29）年3月公布の改正では、学校の指導・運営体制を充実させ、学校運営の改善、複雑化・困難化する諸課題に対応する学校の機能強化を目的として、共同学校事務室に関する規定の整備が行われた。既に各地で行われてきた複数校の学校事務を共同で処理するしくみについて法的整備が行われた。

9 学校保健安全法

児童生徒の健康と学校設備の安全や危機管理について規定する法律。近年とくに施設面や学校安全を主眼とした改正が行われている。

◆ 学校保健に関する改正

2009（平成21）年4月1日から学校保健法は「学校保健安全法」と改称された。

地方公共団体の責務としては、総則において国と地方公共団体が相互連携と財政上の措置等の必要な施策を講ずることと明記された。さらに学校設置者として「児童生徒等及び職員の心身の健康の保持増進を図るため、当該学校の施設及び設備並びに管理運営体制の整備充実その他の必要な措置を講ずるよう努めるものとする」と規定された（第4条）。

すでにガイドラインとして「学校環境衛生の基準（1992（平成4）年）」があったが、改めて文部科学大臣が「学校における…環境衛生に係る事項について、児童生徒等及び職員の健康を保護する上で維持されることが望ましい基準」を定め、学校設置者は「当該基準に照らしてその設置する学校の適切な環境の維持に努めなければならない」とされた。校長は基準に照らして適正を欠く事項がある場合には必要な措置を講じ、それができないときは設置者にその旨を申し出るものとされた。

第9条では、保健指導について、「養護教諭その他の職員は、相互に連携して、…児童生徒等の心身の状況を把握し、健康上の問題があると認めるときは、遅滞なく、当該児童生徒等に対して必要な指導を行うとともに、必要に応じ、その保護者に対して必要な助言を行うもの」と規定され、組織的な保健指導の充実が図られている。保健指導の前提として行われる健康相談（第8条）についても、児童生徒等の多様な健康課題に組織的に対応する観点から、特定の教職員に限らず、養護教諭、学校医・学校歯科医・学校薬剤師、担任教諭など関係教職員による積極的な参画が求められる。さらに、地域の医療機関等との連携による児童等の保健管理の充実を図ることが求められている。

◆ 学校安全に関する規定

　国と地方公共団体の責務については学校保健と共通するが、学校安全に関する規定では、さらに国は「各学校における安全に係る取組を総合的かつ効果的に推進するため、学校安全の推進に関する計画の策定その他所要の措置を講ずるもの」とされ、地方公共団体は、国の措置に準じた措置を講ずるように努めなければならない（第3条）とされた。

　設置者としては、学校での事故（事故、加害行為、災害等）により児童生徒等に生ずる危険を防止し、危険等発生時に適切に対処できるよう「学校の施設及び設備並びに管理運営体制の整備充実その他の必要な措置を講ずるよう努めるもの」と規定された（第26条）。学校においては、「施設及び設備の安全点検、児童生徒等に対する通学を含めた学校生活その他の日常生活における安全に関する指導…について計画を策定し、これを実施しなければならない」として、学校に総合的な学校安全計画の策定と実施が義務づけられた（第27条）。校長には、「学校の施設又は設備について、児童生徒等の安全の確保を図る上で支障となる事項があると認めた場合には、遅滞なく、その改善に必要な措置を講じ、又は当該措置を講ずることができないときは、当該学校の設置者に対し、その旨を申し出る」こととして学校環境の安全の確保が求められている（第28条）。

　危険等発生時には、学校の職員がとるべき措置の具体的内容及び手順を定めた対処要領を学校が作成することとし、校長は、「対処要領の職員に対する周知、訓練の実施その他の危険等発生時において職員が適切に対処するために必要な措置を講ずるもの」とされ、学校は、事故等により児童生徒等に危害が生じた場合、児童生徒等及び関係者の心身の健康を回復させるために必要な支援を行うことが求められ（第29条）、さらに学校には、児童生徒等の保護者、警察署その他の関係機関、地域の安全を確保するための活動を行う団体、地域住民等との連携を図るよう努めることが求められる（第30条）。

　平成26年度には、児童生徒の健康上の問題の変化、医療技術の進歩、地域における保健医療の状況変化などを踏まえて、健康診断の検査項目等の見直しが行われ、平成28年度から、児童生徒の座高の検査と寄生虫卵の有無の検査が必須項目から削除され、「四肢の状態」が必須項目として加わる。

コラム　義務教育学校の制度化

　第189回国会（2015（平成27）年1月26日〜）に文部科学省が提出した学校教育法等の一部を改正する法律案が成立し、学校教育制度の多様化及び弾力化を推進するという趣旨による小中一貫教育学校としての「義務教育学校」が制度化された。これにより、学校教育法第1条に新たな学校種が加わった。

　義務教育学校は、心身の発達に応じて、義務教育として行われる普通教育について基礎的なものから一貫して施すことを目的とし、小学校及び中学校の学習指導要領を準用するため、前期6年と後期3年の2つの課程に区分される。義務教育学校には、施設一体型と施設分離型がある。

　義務教育学校の教員は小学校と中学校の免許状の併有を原則とするが、当分の間は例外が認められる。小学校及び中学校と同様に、義務教育学校の新築または増築に要する経費の2分の1は施設費国庫負担または補助の対象となる。就学指定、教育課程の特例等については、学校教育法施行令または同法施行規則等で規定された。

　義務教育学校が制度化されることにより、すでに多くの自治体で進められてきた小中一貫教育が法令上に位置づけられるようになるが、自治体によっては、課程の区切りを6＋3ではなく4＋3＋2といった区切りにしていることもあり、制度化によって逆に自治体の創意が制限される可能性もある。

　制度設計の基本的方向性は、2014（平成26）年12月22日の中教審答申「子供の発達や学習者の意欲・能力等に応じた柔軟かつ効果的な教育システムの構築について」によって示されている。答申では、「設置者が地域の実情を踏まえて小中一貫教育が有効と判断した場合に、円滑かつ効果的に導入できる環境を整えること」が制度化の目的であるとされており、課程の区切りについても、「柔軟な学年段階の区切りを設定しやすくすることが求められる」としながら、「小学校段階を終えた後、転校が円滑に行えるように配慮することも必要」との観点から、6＋3の区切りが提言されていた。

　義務教育学校の制度化をめぐっては、たとえば、小中一貫教育としての学校評価のあり方、免許状の併有率が低い自治体での対応、人事上の措置、教員研修、教職員の負担軽減のための工夫など、答申でも多くの課題が指摘されている。ちなみに、答申では、義務教育学校ではなく小中一貫教育学校（仮称）とされていた。

第1章

教育の基本と学校運営に関わること

1 教育を受ける権利と学習権

教育の基本

国民の教育を受ける権利は法でどのように規定されているのか？
各法律による重層的な権利保障の構造を押さえておこう。

◆ 教育をうける権利の保障—憲法、教育基本法—

憲法第26条は「すべて国民は、法律の定めるところにより、その能力に応じて、ひとしく教育を受ける権利を有する」として、教育を受ける権利について規定するとともに、「普通教育」を受けさせる義務を保護者に課している。

教育基本法では、第4条で、教育を受ける権利の保障、教育の機会均等、障害ある者や経済的に就学が困難な者への国や地方公共団体の支援の義務が規定され、第5条で、保護者の普通教育を受けさせる義務が規定されている。それを受け、学校教育法では、第17条で保護者の保護する子女を就学させる義務が、第20条で事業所に対する避止義務が、第38条や第49条で、地方公共団体の学校設置義務が規定され、重層的に教育を受ける権利の保障がなされている。

また、教育を受ける権利は、教育基本法の第3条の生涯学習に関する規定や第12条の社会教育に関する規定などにより、学校の正課の教育活動以外のさまざまな場面において、また子どもだけではなく成人に対しても保障することが目指されている。

2016（平成28）年12月には、「義務教育の段階における普通教育に相当する教育の機会の確保等に関する法律」が成立し、小中学校等における就学の機会が提供されないままに学齢期を経過した人々のために、地方公共団体に、夜間中学等における就学機会の提供等の措置を講ずることが義務づけられた。

◆ ユネスコの「学習権宣言」に見る教育を受ける権利の保障

1985（昭和60）年のユネスコの国際成人教育会議による「学習権宣言」では、読み書き、質問と考察、想像と創造、自分自身の世界を読みとり歴史をつづる、あらゆる教育の手だてを得る、個人的・集団的力量を発達させる権利を挙げ、それらが人間の生存にとって不可欠な手段であり、また、それらは基本的人権の1つであり、その正当性は普遍的であるとしている。

●日本の法律に見る「教育を受ける権利」

憲法 第26条＜教育を受ける権利と受けさせる義務＞

1 すべて国民は、法律の定めるところにより、その能力に応じて、ひとしく教育を受ける権利を有する。

2 すべて国民は、法律の定めるところにより、その保護する子女に普通教育を受けさせる義務を負ふ。

↓

教育基本法 第4条＜教育の機会均等＞ 第5条＜義務教育＞

第4条 ・教育の機会均等の確保 ・能力に応じた教育 ・障害者への支援
・経済的理由により修学が困難な者への奨学措置
第5条 ・保護者の子に、普通教育を受けさせる義務
・義務教育の無償（授業料を徴収しない）

↓

学校教育法 第2章 義務教育（第16条〜第21条）

就学義務……保護者は子を小学校・中学校へ通わせる義務を負う

小学校 満6歳に達した日の翌日以後における最初の学年の初めから、満12歳に達した日の属する学年の終わりまで

中学校 小学校又は特別支援学校の小学部の課程を修了した日の翌日以後における最初の学年の初めから、満15歳に達した日の属する学年の終わりまで

①就学義務：保護者の義務（学齢期の子どもを小中学校等に通学させる義務）教育基本法第5条、学校教育法第17条、②学校設置義務：市町村の義務（学齢児童生徒を就学させる学校を設置する義務）学校教育法第38条、③奨学義務：国の義務（義務教育の対象者の就学を奨励する）教育基本法第4条、④避止義務：事業所の負う義務（義務教育の対象の子女を一般の労働者として使用してはならない）学校教育法第20条

[**関連する法令**]

〈義務教育の段階における普通教育に相当する教育の機会の確保等に関する法律〉
第3条 教育機会の確保等に関する施策は、次に掲げる事項を基本理念として行われなければならない。
1 全ての児童生徒が豊かな学校生活を送り、安心して教育を受けられるよう、学校における環境の確保が図られるようにすること。
2 不登校児童生徒が行う多様な学習活動の実情を踏まえ、個々の不登校児童生徒の状況に応じた必要な支援が行われるようにすること。
3 不登校児童生徒が安心して教育を十分に受けられるよう、学校における環境の整備が図られるようにすること。
4 義務教育の段階における普通教育に相当する教育を十分に受けていない者の意思を十分に尊重しつつ、その年齢又は国籍その他の置かれている事情にかかわりなく、その能力に応じた教育を受ける機会が確保されるようにするとともに、その者が、その教育を通じて、社会において自立的に生きる基礎を培い、豊かな人生を送ることができるよう、その教育水準の維持向上が図られるようにすること。
5 国、地方公共団体、教育機会の確保等に関する活動を行う民間の団体その他の関係者の相互の密接な連携の下に行われるようにすること。

2 教育の基本

教育の目標

新教育基本法第2条で新たに「教育の目標」が規定された。
学校教育法において小学校・中学校の教育の目的と目標が規定されている。

◆ 教育の目標の規定

憲法は第26条で、教育を受ける権利と保護者に対して保護する子女に「普通教育」を受けさせる義務を課しており、それを具体化するものとして教育基本法が規定されている。ただし、旧教育基本法では、教育の目標や学校の目標・役割については規定されておらず、各学校種ごとの目的や目標あるいは義務として行われる普通教育の目標などは、学校教育法において規定されていた。

この点は、中教審答申「新しい時代にふさわしい教育基本法と教育振興基本計画の在り方について」(2003（平成15）年）においても指摘され、同答申では教育の普遍的な使命と新しい時代の大きな変化の潮流を踏まえて「21世紀を切り拓く心豊かでたくましい日本人の育成」を目指すためとして、5つの目標が示された。これを受けて、2006（平成18）年の教育基本法の改正では、第2条において、「教育の目標」が新たに規定され、ほかにも、教育の目的である「人格の完成」（第1条）や保護者の普通教育を受けさせる義務（第5条）なども含めて、憲法で述べられている普通教育に関するくわしい規定がなされた。

◆ 義務教育として行われる普通教育の目標と学校種ごとの目的の規定

小学校と中学校の目標は、2007年以前の旧学校教育法では学校種ごとにその目標が規定されていたが、教育基本法改正に合わせて学校教育法の小学校と中学校の目標に関する規定も見直された。改正後の学校教育法では第21条において、「義務教育として行われる普通教育」について規定され、教育基本法第5条第2項に規定されている目的を実現するため普通教育に関する10の目標が挙げられ、これが小学校と中学校の目標となっている（第30条、第46条）。小学校と中学校の目的に関しては、従来通り、小学校教育の目的は第29条で、中学校の目的は第45条にと、それぞれ学校種ごとに規定されている。

●法による教育の目標の規定

教育基本法　第1条

教育は、人格の完成を目指し、平和で民主的な国家及び社会の形成者として必要な資質を備えた心身ともに健康な国民の育成を期して行われなければならない。

教育基本法　第2条＜教育の目標＞

1. 幅広い知識と教養、真理を求める態度、豊かな情操と道徳心、健やかな身体
2. 創造性、自主及び自律の精神、勤労を重んずる態度
3. 正義と責任、男女の平等、自他の敬愛と協力を重んずる態度、主体的に社会の形成に参画し、その発展に寄与する態度
4. 生命を尊び、自然を大切にし、環境の保全に寄与する態度
5. 伝統と文化を尊重し、それらをはぐくんできた我が国と郷土を愛するとともに、他国を尊重し、国際社会の平和と発展に寄与する態度

学校教育法　第21条＜義務教育の目標＞

義務教育として行われる普通教育は、教育基本法第5条第2項に規定する目的を実現するため、次に掲げる目標を達成するよう行われるものとする。

1. 学校内外における社会的活動を促進し、自主、自律及び協同の精神、規範意識、公正な判断力並びに公共の精神に基づき主体的に社会の形成に参画し、その発展に寄与する態度を養うこと。
2. 学校内外における自然体験活動を促進し、生命及び自然を尊重する精神並びに環境の保全に寄与する態度を養うこと。
3. 我が国と郷土の現状と歴史について、正しい理解に導き、伝統と文化を尊重し、それらをはぐくんできた我が国と郷土を愛する態度を養うとともに、進んで外国の文化の理解を通じて、他国を尊重し、国際社会の平和と発展に寄与する態度を養うこと。
4. 家族と家庭の役割、生活に必要な衣、食、住、情報、産業その他の事項について基礎的な理解と技能を養うこと。
5. 読書に親しませ、生活に必要な国語を正しく理解し、使用する基礎的な能力を養うこと。
6. 生活に必要な数量的な関係を正しく理解し、処理する基礎的な能力を養うこと。
7. 生活にかかわる自然現象について、観察及び実験を通じて、科学的に理解し、処理する基礎的な能力を養うこと。
8. 健康、安全で幸福な生活のために必要な習慣を養うとともに、運動を通じて体力を養い、心身の調和的発達を図ること。
9. 生活を明るく豊かにする音楽、美術、文芸その他の芸術について基礎的な理解と技能を養うこと。
10. 職業についての基礎的な知識と技能、勤労を重んずる態度及び個性に応じて将来の進路を選択する能力を養うこと。

小学校の目的 → 第29条　　中学校の目的 → 第45条

[関連する法令]

〈学校教育法〉
第29条　小学校は、心身の発達に応じて、義務教育として行われる普通教育のうち基礎的なものを施すことを目的とする。
第45条　中学校は、小学校における教育の基礎の上に、心身の発達に応じて、義務教育として行われる普通教育を施すことを目的とする。

3 教育の基本
特別の教科　道徳

道徳を特別の教科として位置づけ。
教科書を中心的な教材と位置づけ、検定済み教科書を導入。

◆ 道徳教育を巡る議論

　道徳教育は、1958（昭和33）年の学習指導要領改訂において「道徳」として特設され、領域として位置づけられてきた。その一方で、道徳教育の充実や教科化は教育改革の俎上に乗せられてきた。新教育基本法の第２条における「道徳心を培う」ことの明記、教育再生会議の第２次報告（2007（平成19）年）、教育再生実行会議の第一次提言（2013（平成25）年）、「道徳教育の充実に関する懇談会」（2013年）等を経て、中教審答申「道徳に係る教育課程の改善等について」（2014（平成26）年10月）で「特別の教科　道徳」とすることが提言された。翌年３月には学校教育法施行規則の改正、小・中学校の学習指導要領の改訂（2018年４月、2019年４月から施行）が行われている。

◆「特別の教科　道徳」の概要

　「特別の教科　道徳」は、従前の道徳の時間から引き続き、授業の実施者を原則担任とし、標準授業時間数も小学校１年生で34時間、２年生から中学３年生で各35時間とされた。教材については検定教科書が導入され、評価については数値による評価ではなく記述式の評価となっている。

　また、指導計画策定・指導にあたっては、学校の道徳教育の目標を達成させる意味から学校や学年として一体的に進めるために、校長の方針の下に、担任を授業実施者としながらも、全教職員が協力し合う指導体制が求められている。

◆ 教科化に伴う今後の制度改革

　2014年10月の中教審答申では、教科化に伴う改革事項として、複数の学校の道徳教育推進教師のリーダー役として助言等を行う道徳教育推進教師の育成等の「教員の指導力向上」、将来的な課題としての専門免許状の設置や教員養成カリキュラムの改善等の「教員免許や大学の教員養成課程の改善」「幼稚園、高等学校、特別支援学校における道徳教育の充実」をあげている。

●道徳の教科化の流れ

　社会の大きな変化や家庭や地域の教育力の低下、親や教師以外の地域の大人や異年齢の子どもたちとの交流の場や自然体験等の体験活動の減少などを背景として、生命尊重の心や自尊感情が乏しいこと、基本的な生活習慣の確立が不十分、規範意識の低下、人間関係を築く力や集団活動を通した社会性の育成が不十分などといった指摘がなされている。
【中教審答申「幼稚園、小学校、中学校、高等学校及び特別支援学校の学習指導要領の改善について」
（平成20年1月17日）より】

　しかしながら、現在行われている道徳教育は、指導内容や指導方法に関し、学校や教員によって充実度に差があり、所期の目的が十分に果たされていない状況にあります。
　このため、道徳教育の重要性を改めて認識し、その抜本的な充実を図るとともに、新たな枠組みによって教科化し、人間の強さ・弱さを見つめながら、理性によって自らをコントロールし、より良く生きるための基盤となる力を育てることが求められます。
【教育再生実行会議（第一次提言）「いじめの問題等への対応について（第一次提言）」
（平成25年2月26日）より】

●道徳教育の改善・充実

○道徳の教科化→「特別の教科　道徳」、教科書の導入、記述式評価
○学校の教育活動全体の目標と関連づけた教科の目標の整理
○発達の段階に応じて指導内容を重点化
○道徳教育推進教師を中心とした指導体制の充実
○児童生徒が魅力的に感じる教材の充実
○「考える道徳」「議論する道徳」への転換

●道徳の教科化のポイント

[関連する法令]

〈教育基本法〉
第2条　教育は、その目的を実現するため、学問の自由を尊重しつつ、次に掲げる目標を達成するよう行われるものとする。
　一　幅広い知識と教養を身に付け、真理を求める態度を養い、豊かな情操と道徳心を培うとともに、健やかな身体を養うこと。

4 教育振興基本計画

教育の基本

国の教育政策の総合的な基本計画。
教育の目標と教育改革の計画、そして5年間の重点施策の明記。

◆ 教育振興基本計画とは
　教育振興基本計画は、教育基本法第17条第1項の規定に基づいて、政府として策定する教育の振興に関する施策の総合的で計画的な推進のための基本方針や講ずべき施策に関する計画である。文部科学省単独の教育政策ではなく、政府全体の教育政策に関する計画であるため閣議決定の後、国会への報告と公表が義務とされている。第1期は2008（平成20）年度〜2012（平成24）年度を、第2期は2013（平成25）年度〜2017（平成29）年度を対象期間として策定され、現在は第2期中である。

◆ 教育振興基本計画の特徴
　第2期計画では、「自立・協働・創造モデルとしての生涯学習社会の構築」が掲げられ、「社会を生き抜く力の養成」「未来への飛躍を実現する人材の養成」「学びのセーフティネットの構築」「絆（きずな）づくりと活力あるコミュニティの形成」の4つの基本的方向性と、そのもとでの8つの成果目標と30の基本施策が構築され、「4のビジョン、8のミッション、30のアクション」として体系化されている。

　また、第1期計画の反省のもと検証改善サイクルの実現に向けて、成果目標と、その達成度を客観的に計測するための指標が設定されている。

◆ 第3期教育振興基本計画
　2018（平成29）年1月の「第3期教育振興基本計画の策定に向けた基本的な考え方」によると、第3期計画（対象期間：2018（平成30）年度から2022（平成34）年度まで）では、第2期計画の進捗状況を踏まえた課題や2030年以降の社会を見据えた課題等への対応を念頭に、現行計画の理念を引き継ぎつつ、現行計画の更なるフォローアップや社会の変化、国際的視点から見た日本の強み、弱み等を踏まえた計画策定が目指されている。

成果目標4　社会的・職業的自立に向けた能力・態度の育成等

●第2期教育振興基本計画の4つの基本的方向と8つの成果目標

1．社会を生き抜く力の養成

成果目標1　「生きる力」の確実な育成
成果目標2　課題探求能力の修得
成果目標3　生涯を通じた自立・協働・創造に向けた力の修得
成果目標4　社会的・職業的自立に向けた能力・態度の育成等

2．未来への飛躍を実現する人材の養成

成果目標5　社会全体の変化や新たな価値を主導・創造する人材等の養成

3．学びのセーフティネットの構築

成果目標6　意欲ある全ての者への学習機会の確保
成果目標7　安全・安心な教育研究環境の確保

4．絆づくりと活力あるコミュニティの形成

成果目標8　互助・共助による活力あるコミュニティの形成

●第3期教育振興基本計画について（答申）

Ⅲ．2030年以降の社会を展望した教育政策の重点事項
　個人：自立した人間として、主体的に判断し、多様な人々と協働しながら新たな価値を創造する人材の育成
　社会：一人一人が活躍し、豊かで安心して暮らせる社会の実現、社会（地域・国・世界）の持続的な成長・発展
　　・「超スマート社会（Society 5.0）」、「人生100年時代」を豊かに生きる
　　・教育を通じて生涯にわたる一人一人の「可能性」と「チャンス」を最大化する

Ⅳ．今後の教育政策に関する基本的な方針
　1．夢と志を持ち、可能性に挑戦するために必要となる力を育成する
　2．社会の持続的な発展を牽引するための多様な力を育成する
　3．生涯学び、活躍できる環境を整える
　4．誰もが社会の担い手となるための学びのセーフティネットを構築する
　5．教育政策推進のための基盤を整備する

[関連する法令]

〈教育基本法〉
第17条　政府は、教育の振興に関する施策の総合的かつ計画的な推進を図るため、教育の振興に関する施策についての基本的な方針及び講ずべき施策その他必要な事項について、基本的な計画を定め、これを国会に報告するとともに、公表しなければならない。
2　地方公共団体は、前項の計画を参酌し、その地域の実情に応じ、当該地方公共団体における教育の振興のための施策に関する基本的な計画を定めるよう努めなければならない。

5 教育の基本

学校、家庭及び地域住民等の連携協力

現代の学校は、学校運営、教科指導、生徒指導などさまざまな分野で、家庭や地域との連携協力が必要不可欠。地域や家庭は学校の支援の責任を分有。

◆ 学校、家庭、地域の連携の必要性

教育基本法の第13条では、学校、家庭、地域住民がそれぞれの教育役割を自覚した上で相互連携することが述べられ、学習指導要領においても、道徳教育、特別活動、総合的な学習の時間に関して家庭や地域住民との連携の必要性が述べられている。2000（平成12）年からは地域住民の学校運営への参画のしくみを制度的に位置づけるものとして学校評議員制度が導入され、2004（平成16）年からは、地域の住民や保護者のニーズを学校運営に的確に反映させ、学校と地域の住民、保護者等が、共同して学校づくりを行うための制度として学校運営協議会の設置（コミュニティ・スクール）が始められている。

◆ 学校評議員制度と学校運営協議会制度

学校評議員制度は、学校教育法施行規則第49条に規定され、校長の求めに応じて学校評議員が学校運営に関する意見を述べる制度である。学校運営協議会制度は、地教行法第47条の6に規定された制度であり、協議会は、校長が作成する教育課程の編成等の学校運営の基本方針を承認し、学校運営に関して教育委員会や校長に対して意見を述べることや、教職員の採用について任命権者に意見を述べることができる（任命権者はその意見を尊重する必要がある）。学校評議員と比べて、より強力な地域住民の学校参加の仕組みである。

◆ チームとしての学校への改革

2015（平成27）年12月の中教審答申「チームとしての学校の在り方と今後の改善方策について」では、学校がマネジメントを強化し、組織として教育活動に取り組むことで、教職員一人一人が自らの専門性を発揮するとともに、心理や福祉等の専門スタッフ等の参画を得て適切な役割分担のもと、複雑化・多様化した課題の解決に求められる専門性や経験を補い、教育活動を充実していく「チームとしての学校」が提唱された。

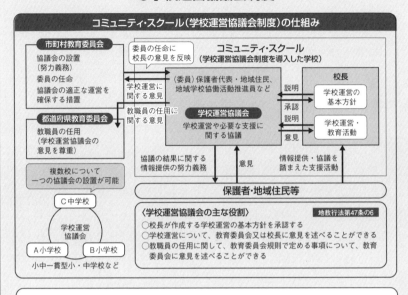

●学校運営協議会制度

「地方教育行政の組織及び運営に関する法律」の改正(2017(平成29)年3月)のポイント

○学校運営協議会の設置が努力義務化に
○学校運営への必要な支援についても協議すること
○協議会の委員に、学校運営に資する活動を行う者を追加
○教職員の任用に関する意見の範囲について、教育委員会規則で定めることに
○複数校で一つの協議会を設置することが可能に
○協議結果に関する情報を地域住民に積極的に提供することを努力義務化

[関連する法令]

〈教育基本法〉
第13条 学校、家庭及び地域住民その他の関係者は、教育におけるそれぞれの役割と責任を自覚するとともに、相互の連携及び協力に努めるものとする。

〈学校教育法施行規則〉
第49条 小学校には、設置者の定めるところにより、学校評議員を置くことができる。
2 学校評議員は、校長の求めに応じ、学校運営に関し意見を述べることができる。
3 学校評議員は、当該小学校の職員以外の者で教育に関する理解及び識見を有するもののうちから、校長の推薦により、当該小学校の設置者が委嘱する。

1 校長の職務

学校経営・管理職の職務

分権改革が進展するなかで権限と責任が拡大。学校目標に向かって学校全体を組織的に運営するマネジメントリーダーとしての役割に注目。

◆ 学校教育法に規定された校長の職務

校長は学校の責任者として、幼稚園（園長）、小学校、中学校、義務教育学校、高等学校、中等教育学校、特別支援学校に必ず置かれる職である。学校教育法においては、校務掌理権と所属職員監督権をもつと規定され、学校という組織体の長として、学校経営の全般について責任をもつ単位学校内の最終的な意思決定者である。また、学校の意思は、すべて校長を通して外部に示される。校長の資格要件は、学校教育法施行規則に規定されており、教諭の免許状を所持し5年以上教育に関する職にあったか、教育に関する職に10年以上あったこととされている。ただし、学校の運営上とくに必要がある場合には、上記資格を有する者と同等の資質を有すると認められる者も校長となることができる。民間人校長は、後者のケースとして任命権者の判断に基づいて登用されている。

◆ 校長の有する権限事項

校長がつかさどる校務は、(1) 教育の実施運営、(2) 教職員にかかわる事項、(3) 児童生徒、(4) 学校の組織運営、(5) 施設・設備、(6) 外部関係のそれぞれであり、広く校務全般に及ぶ。また、校務の執行のために所属する教職員に校務を分掌させるとともに、教職員を指導、監督する。

◆ 教育改革の進展と校長に新しく期待される役割

今日では、各学校が特色ある学校づくりを進めることが目指されている。例えば、新学習指導要領では各学校にカリキュラム・マネジメントと社会に開かれた教育課程の編成が求められており、そうした点からも校長のリーダーシップの発揮が必要となる。これからの学校は、学校内外の環境の変化や諸条件を読みとりながら、組織として一体となって、教育目標の達成に向かい効果的・効率的に教育活動を展開する必要がある。そこでは、組織マネジメントの力量を身につけた校長の存在が必要不可欠である。

●校長の権限と職務

校長（包括的職務権限）

つかさどる
1. 学校の業務に必要な一切の事務を掌握
2. 1の事務を処理（調整・管理・執行）する権限と責任をもつ

校務（＝学校業務全般）：①教育活動、②所属職員、③児童生徒、④施設・設備、⑤その他学校運営

監督　必要に応じて相談に乗り、指導・助言し、指示・命令し、調停する

所属職員：当該学校に所属するすべての職員

組織編制・教育課程	児童生徒	教職員
・教育課程の編成 ・授業始業時刻の決定 ・時間割の決定 ・修学旅行等の学校行事の実施 ・副読本、学習帳等の選定 ・校務分掌の決定 ・学級担任、教科担任の決定 ・学校評議員の人選	・入学、転学の許可、退学、休学の許可 ・指導要録の作成 ・出席簿の作成、出欠状況の把握 ・課程修了及び卒業の認定 ・卒業証書の授与 ・児童生徒の懲戒 ・高校進学に際しての調査書等の送付 ・伝染病感染防止のための出席停止	・校務の計画執行 ・所属職員の監督 ・教職員の人事に関する意見の具申 ・非常勤講師の人選 ・職員の休暇の承認 ・職員の出張命令

[関連する法令]

〈学校教育法〉
第37条
④　校長は、校務をつかさどり、所属職員を監督する。（小学校の規定。他校種も同じ）
〈学校教育法施行規則〉
第20条　校長（中略）の資格は、次の各号のいずれかに該当するものとする。
　一　教育職員免許法による教諭の専修免許状又は一種免許状（高等学校及び中等教育学校の校長にあつては、専修免許状）を有し、かつ、次に掲げる職（以下「教育に関する職」という。）に5年以上あつたこと
　二　教育に関する職に10年以上あつたこと
第22条　国立若しくは公立の学校の校長の任命権者又は私立学校の設置者は、学校の運営上特に必要がある場合には、前二条に規定するもののほか、第20条各号に掲げる資格を有する者と同等の資質を有すると認める者を校長として任命し又は採用することができる。

2 学校経営・管理職の職務
副校長と教頭の職務

副校長は学校の機動的・応答的な活動のためのリーダーであり、
教頭は学校運営に関する校長の補佐役である。

◆ 教頭の職務
　教頭の職務は、学校教育法において校長の補佐と校務の整理と規定されている。教頭は、学校が教育目標に向かって効果的に運営されるように、その組織的力量を発揮するための総合的な調整役であり、日々の校務処理や学校運営の中心的な存在である。校務の「整理」とは、日常的な事務の整理だけではなく、校長の方針の伝達や教員間の意見の調整なども含むとされている。また、校長に事故があるときは職務代理を、校長が欠けた場合は職務を代行する。

◆ 副校長の職務と教頭の職務の違い
　副校長は2008（平成20）年度から各学校に設置者の判断で「置くことができる」職として新たに設けられた職で、主たる職務は校長補佐と規定されている。ただし、教頭とは異なり、校長の命を受けて校務をつかさどることができ、校長の命を受けた範囲内で校務掌理権や所属職員監督権を行使できる。一方で、児童生徒の教育をつかさどることは職務に含まれていない。これらの点が、校長を「助け」とされている教頭と異なる点である。副校長は教頭と同じように、校長に事故があるときは職務代理し、校長が欠けたときは職務を代行する。

◆ 副校長設置の意義
　現代の学校は、個性的な学校づくり、学校改善の自律的な推進、さまざまな教育問題や保護者や地域の教育ニーズにすばやく応答することが求められている。これまでの学校の組織体制では日常の校務処理だけでも校長に負担が集中し、効果的な組織運営や大規模な改革は難しかった。副校長が校務の一部に関して校長と同じ権限を持てることにより、校務の一部を副校長に任せ、校長が学校改革に専念したり、あるいは副校長に学校改善のためのプロジェクトなどを任せるなどの、機動的な組織運用が可能となる。学校改善や応答的な学校運営のために副校長を積極的に活用することが求められている。

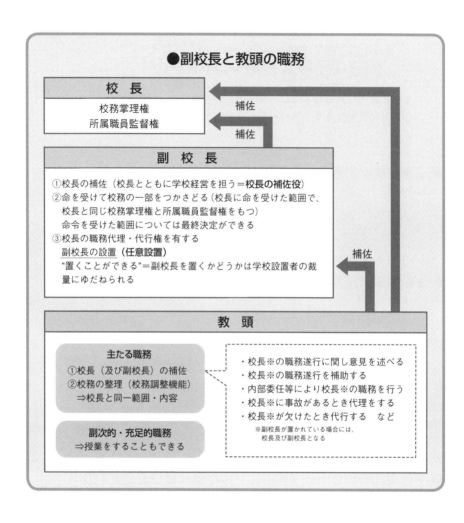

[関連する法令]

〈学校教育法〉
第37条
⑤ 副校長は、校長を助け、命を受けて校務をつかさどる。
⑥ 副校長は、校長に事故があるときはその職務を代理し、校長が欠けたときはその職務を行う。
⑦ 教頭は、校長（副校長を置く小学校にあつては、校長及び副校長）を助け、校務を整理し、及び必要に応じ児童の教育をつかさどる。
⑧ 教頭は、校長（副校長を置く小学校にあつては、校長及び副校長）に事故があるときは校長の職務を代理し、校長（副校長を置く小学校にあつては、校長及び副校長）が欠けたときは校長の職務を行う。

3 学校経営・管理職の職務

主幹教諭、指導教諭の職務

学校組織のなかでミドルリーダーとして管理職と一般教員とを繋ぐ役割。
他の教師に対するエキスパート・ティーチャー的な存在として力量を発揮。

◆ 主幹教諭と指導教諭の設置

　主幹教諭と指導教諭は、2007（平成19）年の学校教育法改正により、学校の組織運営体制の確立や指導体制の充実を目的として各学校に設置することができるようになった。両職ともに必置規定は設けられておらず、学校の設置者である教育委員会が判断することになっている。

◆ 主幹教諭と指導教諭の役割

　主幹教諭は、校長、副校長、教頭を助け、その命を受けて校務の一部を整理することがその役割とされており、校長や教頭といった学校管理職の補佐役としての役割と他の教員をリードするとともに、管理職の意志決定を教員に、そして教員の希望や考えを管理職に伝え、両者の調整に当たるといった、管理職と一般教員とを繋ぐミドルリーダーとしての役割を有している。

　指導教諭は、他の教諭等に対して、教育指導の改善・充実のために必要な指導・助言を行うことをその職務内容としている。教科指導や授業改善に関する学校内のリーダーとしての役割が課せられているといえるだろう。

◆ 学校組織の変化──「鍋ぶた」型から「ピラミッド」型へ

　学校組織は長い間、主任を含む教員が同じ層に属し、その上に校長・教頭が乗る「鍋ぶた型（単層構造）」であった。こうした組織体制は、ほとんどの教員が同格なため民主的な意思決定が実現されやすい一方で、意思統一に時間がかかる、多様な意見があるので大規模な学校改革に踏み切れないという問題も有していた。副校長を含めた新たな職の設置は、効率的な組織運営を図るための「ピラミッド型（重層構造）」への学校組織の転換と捉えられる。校長、副校長、教頭のリーダーシップと主幹教諭、指導教諭による教員への意志の伝達ととりまとめた意見の管理職への伝達等の役割分担により、問題に迅速に対応したり、学校改善に自律的に取り組めるような学校運営が期待されている。

●職務の位置づけ

ピラミッド型（重層構造）

- 校長
- 副校長
- 教頭
- 主幹教諭
- 指導教諭
- 主任
- 教員

管理・運営レベル
学校の意思決定を行う
→ 校長、副校長、教頭のリーダーシップと役割分担で、より戦略的な学校運営が目指される

ミドル・リーダー
管理職と教員との連絡・調整
→ 主幹教諭、指導教諭の存在によって、関係者の意志の伝達と意見のとりまとめの効率化

一般教員

●ミドルリーダーの役割

主幹教諭
① 校長、副校長、教頭を助ける
② 命を受けて校務の一部を整理する
③ 児童生徒の教育をつかさどる

> 命を受けて担当する校務について一定の責任を持って取りまとめ整理し、他の教諭等に対して指示することができる

指導教諭
① 児童生徒の教育をつかさどる
② 教諭その他の職員に対して教育指導の改善と充実のために指導・助言を行う

> ※主幹教諭・指導教諭を置くか置かないかは学校の設置者が判断することになっている

参考 主任：校長の監督を受け、担当する校務に関する事項について連絡調整及び指導、助言に当たる ☆学校教育法施行規則には「教諭をもって充てること」とあり職ではない

[関連する法令]

〈学校教育法〉
第37条
⑨ 主幹教諭は、校長（副校長を置く小学校にあつては、校長及び副校長）及び教頭を助け、命を受けて校務の一部を整理し、並びに児童の教育をつかさどる。
⑩ 指導教諭は、児童の教育をつかさどり、並びに教諭その他の職員に対して、教育指導の改善及び充実のために必要な指導及び助言を行う。

4 主任制度

学校経営・管理職の職務

学校のミドルリーダーとしての役割を担う。
教員と管理職、教員同士の調整役でもある。

◆ 主任制度とは

　主任制度とは、学校が教育目標を達成するために必要となる、さまざまな運営上の諸活動に関して、学校の組織内部の仕事の統合と、その効果的な配分、さらに協働性ややる気を高めるためのリーダー（指導者）として主任を配置して、効果的な学校運営を図ろうとするものである。学校経営への組織的マネジメント導入の重要性や特色ある学校づくりが求められるなか、主任制度は、効果的な校内運営に必要不可欠なものとなっている。

◆ 主任の制度の展開

　学校における主任は、明治以来、法規定がなされる前から学校運営上の必要性から全国的に普及していた。政策的には、1971（昭和46）年の中教審答申「今後における学校教育の総合的な拡充整備のための基本的施策について」で、校務を分担する必要な職制として、教頭、教務主任、学年主任、教科主任、生徒指導主事などの確立が述べられている。その後、1975（昭和50）年には、「調和のとれた学校運営について」および「主任の制度化にあたって」が示され、同年12月に、主任の省令化を内容とする「学校教育法施行規則の一部を改正する省令」が公布され、「調和のとれた学校運営が行われるためにふさわしい校務分掌の仕組みを整える」ことをねらいとして、主任の制度化が図られた。

◆ 主任の職務

　1976（昭和51）年の「学校教育法施行規則の一部を改正する省令の施行について（通達）」（文初地第136号）で、教務主任、学年主任、生徒指導主事、進路指導主事は教諭をもって充てられ、その職務は「連絡調整」「指導、助言」「企画立案・実施」とされた。2017（平成29）年の改正で、同施行規則第46条において事務主任はその職務を「事務をつかさどる」から「事務に関する事項について連絡調整及び指導、助言に当たる」と変更された。

●主任の制度と職務

学校種別	必置	置かないことができる		置かないことができる
		特別の事情	当分の間	
小学校	—	教務主任、学年主任、保健主事	司書教諭（学級数が11以下）	その他の主任等、事務主任
中学校	進路指導主事※	教務主任、学年主任、保健主事、生徒指導主事	司書教諭（同上）	その他の主任等
高等学校	進路指導主事※、事務長	教務主任、学年主任、学科主任（2以上の学科の時）、農場長（農業高校）、保健主事、生徒指導主事	司書教諭（同上）	その他の主任等

※ただし、進路指導主事の担当するので校務を整理する主幹教諭を置くときは、進路指導主事を置かないことができる

教務主任の職務

校長の監督を受け、当該学校の教育計画の立案・実施、時間割の総合調整、教科書、教材の取扱い等教務に関する事項について教職員間の連絡調整、関係職員に対する指導、助言に当たる。

学年主任の職務

校長の監督を受け、学年の経営方針の設定、学年行事の計画・実施等当該学年の教育活動に関する事項について、当該学年の学級担任及び他の学年主任、教務主任、生徒指導主事等との連絡調整、当該学年の学級担任に対する指導・助言に当たる。

[**関連する法令**]

〈学校教育法施行規則〉
第44条　小学校には、教務主任及び学年主任を置くものとする。
3　教務主任及び学年主任は、指導教諭又は教諭をもって、これに充てる。
4　教務主任は、校長の監督を受け、教育計画の立案その他の教務に関する事項について連絡調整及び指導、助言に当たる。
5　学年主任は、校長の監督を受け、当該学年の教育活動に関する事項について連絡調整及び指導、助言に当たる。
第45条　小学校においては、保健主事を置くものとする。
3　保健主事は、指導教諭、教諭又は養護教諭をもって、これに充てる。
4　保健主事は、校長の監督を受け、小学校における保健に関する事項の管理に当たる。
第46条　小学校には、事務長又は事務主任を置くことができる。
2　事務長及び事務主任は、事務職員をもって、これに充てる。
4　事務主任は、校長の監督を受け、事務に関する事項について連絡調整及び指導、助言に当たる。

学校経営・管理職の職務

5 職員会議の法的位置づけ

2000（平成12）年の学校教育法施行規則の改正で「校長の補助機関」としての性格が明確化。校長の補助機関として学校内の意思疎通・連絡調整に活用。

◆ 職員会議の位置づけを巡る課題

　職員会議は、学校の校務を円滑に運営するための重要な制度であり、多くの学校で学校運営の柱となっている。しかし、その位置づけに関しては長い間法令による規定がなく、「意思決定機関」「校長の補助機関」「校長の諮問機関」などのとらえ方がなされ、明確に位置づけが定まっていなかった。

　1998（平成10）年の中教審答申「今後の地方教育行政の在り方について」は、①本来の機能が発揮されていない、②学校の意思を決定するような運営がなされ、校長が職責を十分に果たせない、③校長のリーダーシップが乏しいなどの問題点を挙げ、法令上の位置づけを明確化することが必要であるとした。

◆ 職員会議の法的位置づけと役割

　2000（平成12）年1月に学校教育法施行規則が改正され、職員会議の法的規定が追加された。そこでは職員会議は、校長が主催し、校長の職務の円滑な執行に資するために設置するとされ、「校長の補助機関」としての性格が明確になった。職員会議は、①学校の管理運営に関する方針等を周知する、②校務に関する決定等を行うに当たって所属職員等の意見を聞く、③所属職員相互の連絡を図るなどの校長を補助することが期待されている。また、職員会議の設置は、学校の設置者が定めるものとされた。

◆ 職員会議の役割と必要性

　「学校教育法施行規則等の一部を改正する省令の施行について（通知）」では、校長の職務の円滑な執行に資するため、学校の教育方針、教育目標、教育計画、教育課題への対応方策等に関する職員間の意思疎通、共通理解の促進、意見交換などを行うことが職員会議の役割として挙げられている。いじめや不登校の問題が深刻化するなかで、校長のリーダーシップのもとで学校全体で協働して問題に対処するための基盤としての職員会議の意義は非常に高い。

●職員会議の性格と位置づけ

職員会議は校長が主宰する

職員会議の性格
⇒校長の補助機関である

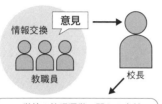

- 学校の管理運営に関わる方針
- 校長の職務の円滑な執行

職員会議は、意見や情報交換の場として校長の校務を助ける

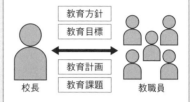

職員間の意思疎通、共通理解の促進、意見交換などが行われる

●職員会議の性格をめぐる諸説

補助機関説：校長が学校経営の全権を有しており、その職務の円滑な執行のために職員会議を開くことができる（職員会議は校長を補助している）。

↑ 2000（平成12）年の学校教育法施行規則の改正によって示された。

議決機関説：「職員会議＝学校の最高意思決定機関」であり、会議において議論され決定した事項については、学校の意思として校長も従うという意味合いになる。

諮問機関説：会議で出された意見や方針等の運営に関わる教職員の意思を参考に、校長が最終的な意思決定を行う。ただし、会議で示された教職員の意思は尊重される。

↑ 改正までに主張されてきた2つの解釈

[関連する法令]

〈学校教育法施行規則〉
第48条　小学校には、設置者の定めるところにより、校長の職務の円滑な執行に資するため、職員会議を置くことができる。
2　職員会議は、校長が主宰する。

6 校務の分掌

学校経営・管理職の職務

組織としての学校の運営の効率化のための手だて。
校務の協働処理による効果的な学校経営が模索されている。

◆ 校務の協働

　学校全体で効果的に教育活動を行うためには、それらを下支えする学校運営が効果的に行われる必要がある。教科指導、生徒指導、進路指導やそれを下支えする諸活動は、個々の教師の孤立した活動ではなく、全教職員が協働し適切な役割分担のもと、組織的に行われる必要がある。校務分掌は、こうした考え方のもと、調和のとれた学校運営が行われるために、学校において全教職員で校務を分担する組織を有機的に編制し、その組織が有効に作用するよう整備すること（「学校教育法施行規則の一部を改正する省令の施行について（通達）」文初地第 136 号・1976（昭和 51）年 1 月 13 日）である。

◆ 分掌組織

　学校の日常においては、児童生徒の生活指導や進路指導、教育課程の編成や時間割の作成、学校給食や安全教育、学校行事、教員の研修の計画や校内研修などのさまざまな活動は、担当する分掌組織を中心に処理されていく。

　ただし、法令上、校務掌理権は校長にあり、分掌の担当者が校務を自由に処理できるわけではない。また、校務分掌の組織化に関しては、学校の組織編成は教育委員会の職務権限（地教行法）とされているが、多くの都道府県において学校管理規則その他でこの権限は校長に委任されており、校長のリーダーシップのもと、各学校で校務分掌組織が作られている。

◆ 学校組織の改革

　副校長、主幹教諭、指導教諭の設置による組織改革や、教員の多忙化への対応の視点などから、校務分掌の整理合理化や役割分担の明確化、ICT の活用などを用いた、校務処理や校務分掌の改善が求められている。校長のリーダーシップのもと、教員がより学習指導や児童生徒との関わりに専念できる効果的・効率的な校務処理体制の整備が求められている。

[関連する通知]

「学校教育法等の一部を改正する法律について」(文部科学事務次官通知・19文科初第536号、平成19年7月31日)
第二 第5 4 副校長等の職が適切に機能し、各教職員の適切な役割分担と協力の下で教育活動や校務運営が円滑かつ効果的に行われるよう、適正な校務分掌を整えること。

第1章 教育の基本と学校運営に関わること 55

7 学校経営方針、学校経営計画

学校経営・管理職の職務

教育改革が進むなかで、学校の総合的な基本方針と計画の作成の重要性が増している。校長のリーダーシップのもとでの決定と、全教職員の共有が重要。

◆ 学校経営とは

学校が効果的に教育活動を行うためには、学校目標を明確に設定し、人的・物的諸条件の組織化（人事、予算、施設設備、外部との関係づくり、情報の収集と活用）を学校目標を達成するための学校づくりという視点から計画、実施、評価し、さらにその成果を吟味して教育目標の捉えなおしを図る必要がある。学校経営とは、そうした各学校が教育目標や学校づくりのビジョンと戦略を設定し、それを実現するためにヒト、モノ、カネ、情報などの経営資源を調達、運用して、組織を通してそれを実現しようとする計画的な営みをいう。

◆ 学校経営方針と学校経営計画

学校経営に当たっては、各学校の教育目標に基づいた学校経営方針と中期的・長期的なプランである学校経営計画が作られる。学校経営計画には、学校目標、各年度の学習指導、生活指導、進路指導、学校運営等の教育活動の目標、目標達成の具体的方策及び取組や成果を測る指標などが含まれる。学校経営計画は、校長のリーダーシップのもとに作成され、全教職員にそのビジョンが共有されていることが求められる。そのため、全教職員が関わりながらビジョンと目標をつくり上げていくことが重要である。

◆ 学校経営改革の進展

特色ある学校づくりや自律的な学校改善の推進のために学校経営のなかに組織的マネジメントの考え方を導入し、「計画（Plan）→実施（Do）→評価（Check）→改善（Action）」といったPDCAサイクルのしくみを用いて学校経営計画を策定することが求められている。また、学校経営計画は学校の現状にあわせて作成することが重要であることから、毎日の教育活動を振り返る「リフレクション」を行い、それをもとに学校のビジョンを生み出し、また課題解決の方途を探ることが注目を浴びている。

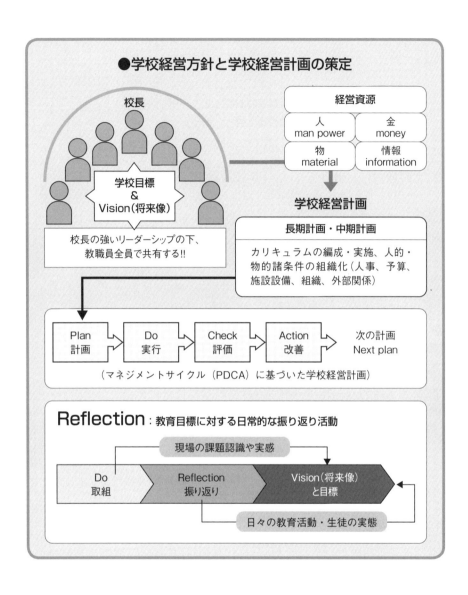

[関連する法令]

〈学校教育法施行規則〉
第43条 小学校においては、調和のとれた学校運営が行われるためにふさわしい校務分掌の仕組みを整えるものとする。

学校経営・管理職の職務

8 学校評価

各学校や第三者が学校の教育活動を評価する「学校評価」。
学校は家庭・地域への説明責任を果たし協働する時代へ。

◆ 学校教育法に規定された「学校評価」

　学校評価とは、学校運営の改善と発展のため、各学校や第三者が教育活動等の成果を検証するもの。学校教育法の2007（平成19）年6月の改正で、学校設置基準（小・中学校では2002（平成14）年制定、他の校種では同年改正）のなかに新たに規定された。同年10月、学校教育法施行規則が改正され、「自ら評価を行い、その結果を公表する」との義務規定のほか、校外の「学校関係者」による評価と結果の公表、学校設置者への結果の報告が求められることとなった。

◆ 学校評価の目的

　2006（平成18）年3月の「義務教育諸学校における学校評価ガイドライン」は、学校評価の目的を以下のように示している。①各学校が、自らの教育活動その他の学校運営について、目指すべき成果やそれに向けた取組について目標を設定し、その達成状況を把握・整理し、取組の適切さを検証することにより、組織的・継続的に改善すること。②各学校が、自己評価及び外部評価の実施とその結果の説明・公表により、保護者、地域住民から自らの教育活動その他の学校運営に対する理解と参画を得て、信頼される開かれた学校づくりを進めること。③各学校の設置者等が、学校評価の結果に応じて、学校に対する支援や条件整備等の必要な措置を講じることにより、一定水準の教育の質を保証し、その向上を図ること。

◆ 学校評価ガイドラインの改訂

　ガイドラインは、学校・教育委員会の学校評価の取組の目安を示すもので、高等学校を対象に加え2008（平成20）年1月に改訂され、学校評価を実効性ある取組とする上で指針となるモデルを説明している。また、2010（平成22）年7月には第三者評価の実施体制の例示を含む改訂が、そして、2016（平成28）年には義務教育学校についての記述を加える改訂が行われた。

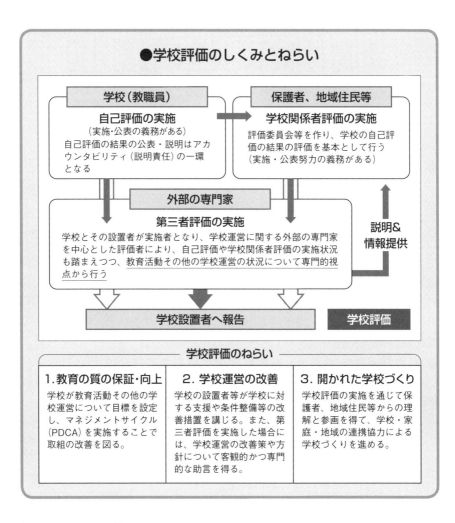

[関連する法令]

〈学校教育法〉
第42条 小学校は、文部科学大臣の定めるところにより当該小学校の教育活動その他の学校運営の状況について評価を行い、その結果に基づき学校運営の改善を図るため必要な措置を講ずることにより、その教育水準の向上に努めなければならない。
第43条 小学校は、当該小学校に関する保護者及び地域住民その他の関係者の理解を深めるとともに、これらの者との連携及び協力の推進に資するため、当該小学校の教育活動その他の学校運営の状況に関する情報を積極的に提供するものとする。
(上記の規定は、幼稚園、中学校、義務教育学校、高等学校、中等教育学校、専修学校にそれぞれ準用される。)

9 文部科学省と都道府県教育委員会、市町村教育委員会の役割分担

学校経営・管理職の職務

地教行法に基づく、指導・援助・助言。
地方自治法に基づく、技術的援助勧告と是正指示。

◆ 文部科学省の役割と教育委員会との役割分担

　文部科学省の役割は、基本的な教育制度の枠組みの制定、全国的な基準の設定、教育条件整備のための支援、教育事業の適正な実施のための支援措置、市町村の教育条件整備に対する支援、市町村における教育事業の適正な実施のための支援措置、教育事業の実施などである。

　文部科学省と教育委員会との関係としては、地教行法第48条による都道府県又は市町村に対する指導、助言又は援助、同49条による是正要求、同50条による指示、同53条による調査や調査指示、同54条による調査、統計その他の資料又は報告の提出を求めることができるなど法令によって定められている。

◆ 都道府県教育委員会と市町村教育委員会の役割分担

　都道府県教育委員会の基本的役割は、広域的な処理を必要とする教育事業の実施及び施設等機関の設置運営、市町村に対する、指導・助言・援助、教育条件整備に対する支援、教育事業の適正な実施のための支援措置である。

　このなかには、都道府県立高等学校等の設置管理に加えて、市町村立小・中学校等の教職員の任命や給与費の負担などが含まれる。また、地教行法第48条第3項では、文部科学大臣が都道府県委員会に対し、市町村に対する指導、助言又は援助に関し、必要な指示をすることができるとされている。

　市町村教育委員会は、学校、図書館、博物館、公民館等の設置管理等の施設等機関の設置運営と教育事業の実施がその役割とされている。

◆ 地方自治法による文部科学省と教育委員会との関係

　地方自治法による文部科学大臣の地方公共団体に対する関与も存在する。地方自治法第245条の5により、文部科学大臣は首長あるいは教育委員会に事務処理の違反の是正・改善に必要な措置を要求できるとされており、地教行法第49条にも同様の規定が設けられている。

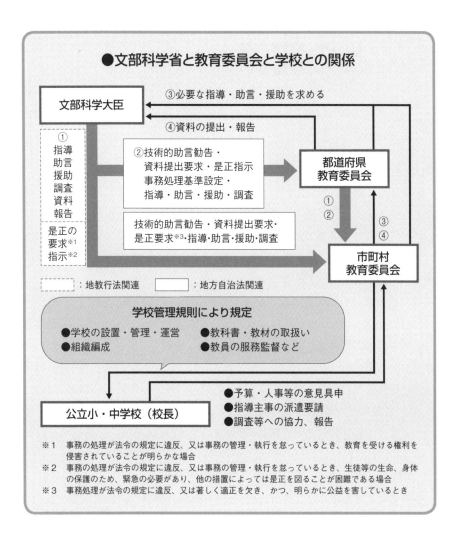

[関連する法令]

〈地方教育行政の組織及び運営に関する法律〉
第1条の2　地方公共団体における教育行政は、教育基本法の趣旨にのつとり、教育の機会均等、教育水準の維持向上及び地域の実情に応じた教育の振興が図られるよう、国との適切な役割分担及び相互の協力の下、公正かつ適正に行われなければならない。
第48条　地方自治法第245条の4第1項の規定によるほか、文部科学大臣は都道府県又は市町村に対し、都道府県委員会は市町村に対し、都道府県又は市町村の教育に関する事務の適正な処理を図るため、必要な指導、助言又は援助を行うことができる。

10 学校経営・管理職の職務

学校と教育委員会との関係

学校管理規則、指導主事を活用した指導行政。指導と助言。

◆ 教育委員会の意義と役割

　教育委員会制度は、首長から相対的に独立した行政委員会であり、教育・学術・文化に関する行政をつかさどる合議制の執行機関である教育委員会を設置し、地域の教育・学術・文化に関わる事務を所管させるしくみで、教育委員会は都道府県、市町村、教育関係事務に関する市町村の組合に設置されている。

◆ 教育委員会改革の進展

　教育委員会は不断の改革にさらされてきたが、2014（平成26）年6月の地教行法改正（2015（平成27）年4月から施行）により大きく改革されることとなった。改正の理念は、教育の政治的中立性、継続性・安定性を確保しつつ、地方教育行政における責任の明確化、迅速な危機管理体制の構築、首長との連携強化を図るとともに、地方に対する国の関与の見直しを図るとされている。
　「教育委員長と教育長を一本化した新「教育長」の設置」「教育委員会教育長へのチェック機能の強化と会議の透明化」「すべての地方公共団体に総合教育会議を設置」「教育に関する『大綱』を首長が策定」が改革の柱である。

◆ 教育委員会と学校との関係

　教育委員会は地教行法に基づいた公立学校の管理機関という関係である。教育委員会は学校管理規則を定めて、学校が決定・処理する事項と教育委員会の判断を受けて処理すべき事項とを区別し学校の管理に当たっている。学校管理規則では、教育課程や副教材等の教育委員会への届け出や、指導要録や出席簿の様式の決定、学校評議員の設置等について規定されていることが多い。
　また、分権改革のなかで、学校が校長のリーダーシップの下で自主的な学校改善をしうるための学校支援機関としての役割も重要である。研究授業や校内研修への指導主事の派遣、学校経営や学校評価に対する支援、学校事故や生徒指導上の問題が発生した際の支援などさまざまな支援が行われる必要がある。

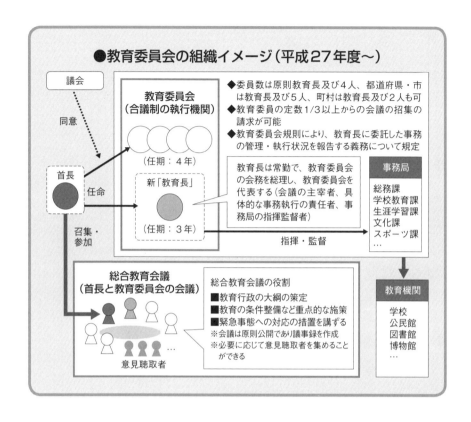

[関連する法令]

〈地方教育行政の組織及び運営に関する法律〉
第1条の3 地方公共団体の長は、教育基本法第17条第1項に規定する基本的な方針を参酌し、その地域の実情に応じ、当該地方公共団体の教育、学術及び文化の振興に関する総合的な施策の大綱を定めるものとする。
第1条の4 地方公共団体の長は、大綱の策定に関する協議及び次に掲げる事項についての協議並びにこれらに関する次項各号に掲げる構成員の事務の調整を行うため、総合教育会議を設けるものとする。
　一　教育を行うための諸条件の整備その他の地域の実情に応じた教育、学術及び文化の振興を図るため重点的に講ずべき施策
　二　児童、生徒等の生命又は身体に現に被害が生じ、又はまさに被害が生ずるおそれがあると見込まれる場合等の緊急の場合に講ずべき措置
2　総合教育会議は、次に掲げる者をもつて構成する。
　一　地方公共団体の長
　二　教育委員会
3　総合教育会議は、地方公共団体の長が招集する。

1 区域外就学

児童生徒の在学（入学・進級・卒業）

> 特別な事情がある場合に認められる「区域外就学」。近年は、規制緩和の観点から、区域外就学を含めた通学区域制度の弾力化が進展。

◆ 区域外就学とは

　市町村教育委員会は、市町村内に小学校（中学校）が2校以上ある場合、就学予定者が就学すべき小学校（中学校）を指定することとされている。多くの市町村教育委員会はあらかじめ通学区域を設定し、これに基づいて就学校を指定しているが、保護者の意向により、他の市町村の学校等へ就学させることが認められている。この制度を区域外就学と呼ぶ。区域外就学には、国公立大学附属または私立の小中学校に就学する場合や他の市町村の小中学校に就学する場合の2つがある。

◆ 区域外就学が認められるケース

　国公立大学附属または私立の小中学校への就学については、保護者は自由に選択できる。一方、他の市町村の小中学校への就学が認められる理由には、身体的理由や家庭事情、地理的理由（通学困難等）、いじめへの対応などがある。他の市町村の小中学校への就学を希望する場合、保護者は、受け入れ側の市町村教育委員会の承諾をあらかじめ得た上で、児童生徒の居住する市町村の教育委員会に届け出る必要がある。その際、受け入れ側の市町村教育委員会は、承諾前に児童生徒の居住する市町村教育委員会と協議しなければならない。

◆ 通学区域制度の弾力的運用

　1997（平成9）年1月、文部省（現・文部科学省）は、「通学区域制度の弾力的運用について」を全国の教育委員会に通知した。通知では、地域の実情に即し、保護者の意向に十分配慮した多様な工夫を行うことを求めている。これ以降、規制緩和の観点から、区域外就学などを含めて通学区域制度の弾力的運用が求められている。なお、2016（平成28）年12月に閣議決定された「まち・ひと・しごと創生総合戦略」において「地方への移住に伴う子供の就学手続について区域外就学制度が活用できることを周知する」ことが明記された。

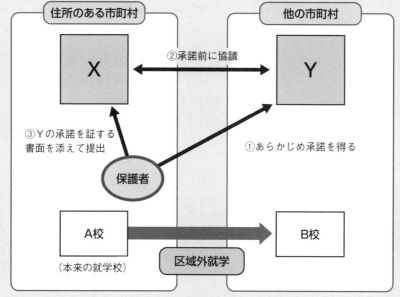

出典：文部科学省「公立小学校・中学校における学校選択制等についての事例集」（平成21年12月）より抜粋

[関連する法令]

〈学校教育法施行令〉
第9条　児童生徒等をその住所の存する市町村の設置する小学校、中学校（併設型中学校を除く。）又は義務教育学校以外の小学校、中学校、義務教育学校又は中等教育学校に就学させようとする場合には、その保護者は、就学させようとする小学校、中学校、義務教育学校又は中等教育学校が市町村又は都道府県の設置するものであるときは当該市町村又は都道府県の教育委員会の、その他のものであるときは当該小学校、中学校、義務教育学校又は中等教育学校における就学を承諾する権限を有する者の承諾を証する書面を添え、その旨をその児童生徒等の住所の存する市町村の教育委員会に届け出なければならない。

児童生徒の在学（入学・進級・卒業）

2 転学、編入学、休学、復学、退学の許可

さまざまな理由で生じる児童生徒の学籍異動。
児童生徒や保護者の諸事情を考慮して適切な対応を。

◆ 転学（転入学）・編入学の許可

　転学（転校）とは、ある学校の児童生徒が同種の他校の相当学年に移ることをいう。転学先の学校から見ると、入学同様の効果を発生させることになるので転入学ともいう。転学手続きは義務教育段階と高校段階で異なり、公立義務教育諸学校の場合、就学義務履行の手続きとして、教育委員会が転学先の学校を指定する。高校の場合、教育上支障がない場合に限り、転学先の校長が許可する。転学が行われた場合、校長は転学する児童生徒の指導要録の写し及び抄本、健康診断票を転学先の校長に送付しなければならない。

　編入学は、異種類の学校への入学や、外国からの帰国者などが第1学年の途中または第2学年以上に入学することをいう。高校への編入学を許可される者は「相当年齢に達し、当該学年に在学する者と同等以上の学力があると認められた者」（学校教育法施行規則第91条）とされており、この場合、当該学校の校長が学力を認定すると解されている。

◆ 休学・復学・退学の許可

　休学とは、学校に在籍する児童生徒が病気等の理由によって、一定期間授業を受けない状態をいう。義務教育諸学校では、比較的短期の休学であれば保護者が診断書等を添えて校長に届け出ればよいが、高校では校長の許可が必要である。休学していた者が再び登校しようとするときには復学の手続きが取られるが、これについても校長の許可が必要になる。

　退学とは在学中の者が卒業前に児童生徒としての身分を失うことである。公立義務教育諸学校では、就学義務の関係上、原則として退学はないが、たとえば区域外就学の児童生徒が学校を退学した場合、校長は速やかにその旨を当該児童生徒の住所地である市町村の教育委員会に通知しなければならない。高校については、休学や復学と同様、校長の許可が必要である。

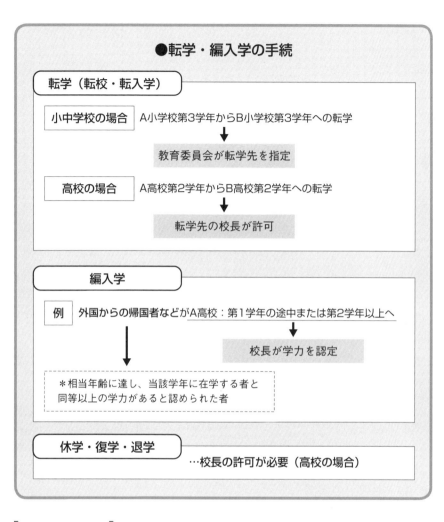

[関連する法令]

〈学校教育法施行規則〉
第24条
③ 校長は、児童等が転学した場合においては、その作成に係る当該児童等の指導要録の写しを作成し、その写し（転学してきた児童等については転学により送付を受けた指導要録（中略）の写しを含む。）及び前項の抄本又は写しを転学先の校長（中略）に送付しなければならない。
第92条　他の高等学校に転学を志望する生徒のあるときは、校長は、その事由を具し、生徒の在学証明書その他必要な書類を転学先の校長に送付しなければならない。転学先の校長は、教育上支障がない場合には、転学を許可することができる。
第94条　生徒が、休学又は退学をしようとするときは、校長の許可を受けなければならない。

第1章　教育の基本と学校運営に関わること　67

3 児童生徒の懲戒

児童生徒の在学（入学・進級・卒業）

学校教育法に規定された教師の懲戒権と体罰禁止。
懲戒にあたっては、基準を明確化しておくことが必要。

◆ 教師の懲戒権と体罰の禁止

　校長及び教員は、教育上必要があるとき、児童生徒に懲戒を加えることが認められている（学校教育法第11条）。この懲戒は、「事実行為としての懲戒」と「処分としての懲戒」の2つに大別される。前者は叱責、起立、罰当番など日常的な教育活動に見られる法的効果を伴わない懲戒であり、後者は、校長の専決事項として法定されている懲戒処分で、退学、停学、訓告の3つがある。このうち退学と停学は、学校教育を受けるという児童生徒としての法的地位に変動をきたす法的効果を伴う懲戒であるが、退学については、義務教育保障の観点から、公立の義務教育諸学校に在籍する児童生徒には適用されない。また、停学については、国・公・私立を問わず、義務教育諸学校に在籍する児童生徒（学齢児童生徒）には適用されない。

　また、校長及び教員には懲戒権が認められているが、体罰は禁止されている。体罰禁止規定の解釈と運用については、2013（平成25）年3月の文部科学省通知「体罰の禁止及び児童生徒理解に基づく指導の徹底について」などが参考になる。

◆ 生徒指導上の措置

　学校においては、児童生徒の問題行動に対し、懲戒処分には至らない措置として、たとえば「反省指導」や「謹慎」などの生徒指導上の措置が取られる場合がある。これは、懲戒とは異なって、個々の児童生徒が抱える問題の解決を期して行われる教育的指導の一環であり、家庭との連携も重要になる。

　段階的な反省指導等によっても問題行動に改善が見られない場合、懲戒処分に至る場合があり得るが、2010（平成22）年2月の文部科学省通知「高等学校における生徒への懲戒の適切な運用の徹底について」でも指摘されているように、その実施に際しては基準を明確化しておくことが必要である。

●懲戒と体罰について

教師の懲戒権：学校教育法第11条

① 「事実行為としての懲戒」：叱責、起立、罰当番など
② 「処分行為としての懲戒」：退学、停学、訓告

＊退学：公立義務教育諸学校に在籍する児童生徒には適用不可
＊停学：義務教育諸学校に在籍する児童生徒には適用不可

体罰禁止：学校教育法第11条ただし書

解釈と運用

・文部科学省：「体罰の禁止及び児童生徒理解に基づく指導の徹底について（通知）」（24文科初第1269号・平成25年3月13日）

懲戒の基準の明確化

「指導の透明性・公平性を確保し、学校全体としての一貫した指導を進める観点から、生徒への懲戒に関する内容及び運用に関する基準について、あらかじめ明確化し、これを生徒や保護者等に周知すること。」　＊「高等学校における生徒への懲戒の適切な運用の徹底について」

[関連する法令]

〈学校教育法〉
第11条　校長及び教員は、教育上必要があると認めるときは、文部科学大臣の定めるところにより、児童、生徒及び学生に懲戒を加えることができる。ただし、体罰を加えることはできない。

〈学校教育法施行規則〉
第26条　校長及び教員が児童等に懲戒を加えるに当つては、児童等の心身の発達に応ずる等教育上必要な配慮をしなければならない。
②　懲戒のうち、退学、停学及び訓告の処分は、校長（大学にあつては、学長の委任を受けた学部長を含む。）が行う。

4 出席停止

児童生徒の在学（入学・進級・卒業）

> 出席停止のケースは「性行不良」と「感染症」。
> 性行不良による出席停止の適用は、文部科学省通知の内容を参考に。

◆「出席停止」措置の趣旨

　出席停止は、他の児童生徒に悪影響を及ぼすことが明らかな場合に限って行われるものであり、①性行不良による出席停止、②感染症による出席停止、の2つがある。①は、性行不良で他の児童生徒の学習の妨げになる者について、その保護者に対して市町村教育委員会が命じるものであり、義務教育諸学校に限定して適用される。②は感染症の患者及び被疑者の児童生徒がある場合に校長が行うものであり、その適用は義務教育諸学校に限定されない。

◆ 性行不良による出席停止

　性行不良による出席停止は本人の懲戒という観点ではなく、学校の秩序を維持し、他の児童生徒の教育を受ける権利を保障するという観点から行われる。その意味で懲戒処分である「停学」とは異なる。2001（平成13）年の学校教育法の一部改正により、出席停止の適用要件と手続きの明確化が図られるとともに、文部科学省通知「出席停止制度の運用の在り方について」が出された。2007（平成19）年2月の同省通知でも出席停止制度の活用がうたわれている。

　なお、出席停止を命じるにあたり、市町村教育委員会は、あらかじめ保護者の意見を聴取するとともに、理由・期間を明示した文書を交付する義務がある。また、出席停止期間中、当該児童生徒の学習に対する支援その他の教育上の必要な措置を講じなければならない。

◆ 感染症による出席停止

　感染症による出席停止の指示は、理由・期間（期間は感染症の種類によって異なる）を明示して、児童生徒の保護者（高校の場合は当該生徒）に対して行い、その旨を書面で学校の設置者（教育委員会とすることが多い）に報告する。また、学校の設置者は、校長が感染症患者や被疑者の児童生徒がいると校長が判断した場合、保健所に連絡するものとされている。

●出席停止制度に関する主な経緯

学校教育法第26条の改正＝
①要件を明確化し、②手続規定を整備し、③出席停止期間中の児童生徒に対する学習支援等の措置を講ずることを規定
〈2001（平成13）年6月〉

〈出席停止の要件〉
(1) 他の児童生徒に傷害、心身の苦痛又は財産上の損失を与える行為
(2) 職員に傷害又は心身の苦痛を与える行為
(3) 施設又は整備を損壊する行為
(4) 授業その他の教育活動の実施を妨げる行為
の一又は二以上を繰り返し行う等性行不良であって他の児童生徒の教育に妨げがあると認める場合。

「出席停止制度の運用の在り方について（通知）」
〈2001（平成13）年11月〉

1 制度の運用の基本的な在り方について
2 要件について
3 事前の手続について
4 期間中の対応について
5 期間後の対応について
6 教育委員会規則の整備等

「問題行動を起こす児童生徒に対する指導について（通知）」
〈2007（平成19）年2月〉

学校の秩序を破壊し、他の児童生徒の学習を妨げる暴力行為に対しては、児童生徒が安心して学べる環境を確保するため、適切な措置を講ずる必要である。教育委員会や学校は、問題行動が実際に起こったときには、十分な教育的配慮のもと、現行法制度下において採り得る措置である出席停止や懲戒等の措置も含め、毅然とした対応をとり、教育現場を安心できるものとしていただきたい。

出典：国立教育政策研究所『生徒指導資料第1集　生徒指導上の諸問題の推移とこれからの生徒指導—データに見る生徒指導の課題と展望—（改訂版）』（平成21年3月）をもとに作成

[関連する法令]

〈学校教育法〉
第35条　市町村の教育委員会は、次に掲げる行為の一又は二以上を繰り返し行う等性行不良であつて他の児童の教育に妨げがあると認める児童があるときは、その保護者に対して、児童の出席停止を命ずることができる。（以下、一～四は略。本項が掲げる「行為」については、上記図表中の「出席停止の要件」を参照。）

〈学校保健安全法〉
第19条　校長は、感染症にかかつており、かかつている疑いがあり、又はかかるおそれのある児童生徒等があるときは、政令で定めるところにより、出席を停止させることができる。

第1章　教育の基本と学校運営に関わること　　71

5 指導要録

児童生徒の在学(入学・進級・卒業)

学籍と指導に関する記録として重要な学校表簿の1つ。
情報公開と個人情報保護の動きに留意し、取扱いは慎重に。

◆ 指導要録とは

指導要録は、児童生徒の学習と健康の状況を記録した書類の原本で、学校に備えなければならない表簿の1つである。「学籍に関する記録」(保存期間20年)と「指導に関する記録」(保存期間5年)からなり、作成者は校長である。指導要録は、指導のための資料となるとともに、外部に対する証明等のための原簿としての機能を果たしており、これらの機能が十分発揮されるよう、指導要録の様式や記入方法等には工夫が求められている。

◆ 指導要録の様式・内容

指導要録の様式や記入方法等については、文部科学省が示す参考様式を手がかりに、各学校の設置者が決定する。参考様式は、2010(平成22)年5月の文部科学省通知「小学校、中学校、高等学校及び特別支援学校等における児童生徒の学習評価及び指導要録の改善等について」の別添として示されている。同通知によれば、「学籍に関する記録」は学齢簿の記載に基づき、学年当初及び異動の生じたときに記入する。また、「指導に関する記録」の1つである「各教科の学習の記録」は「観点別学習状況」と「評定」で構成され、いずれも「目標に準拠した評価」(=絶対評価)で行うとされている。なお、道徳の教科化に伴い、2016(平成28)年7月には指導要録の改善等に関する新たな通知(文科初第604号)が出され、指導要録の新しい参考様式が示された。

◆ 開示請求への対応

近年、指導要録を本人に開示する動きが各自治体で見られるが、これに対しては、個人情報保護基本法制の考え方に基づいて対応する必要がある。開示の基準については、東京都大田区指導要録非開示決定処分取消請求事件において、「全面開示」の請求を退け、「部分開示」を妥当と判断した最高裁判決(平15・11・11)が参考になろう。

●指導要録の規定

指導要録＝児童生徒の学習と健康の状況を記録した書類の原本

「学籍に関する記録」（保存期間20年）

「指導に関する記録」（保存期間5年）

【指導要録の記載事項】（小学校の場合）

学籍に関する記録

①児童生徒の氏名、性別、生年月日及び現住所　②保護者の氏名及び現住所　③入学前の経歴　④入学・編入学等　⑤転入学　⑥転学・退学等　⑦卒業　⑧進学先　⑨学校名及び所在地　⑩校長氏名印、学級担任者氏名印

指導に関する記録

①各教科の学習の記録　②特別の教科　道徳　③外国語活動の記録　④総合的な学習の時間の記録　⑤特別活動の記録　⑥行動の記録　⑦総合所見及び指導上参考となる諸事項　⑧出欠の記録

[関連する法令]

〈学校教育法施行規則〉

第24条　校長は、その学校に在学する児童等の指導要録（学校教育法施行令第31条に規定する児童等の学習及び健康の状況を記録した書類の原本をいう。以下同じ。）を作成しなければならない。

② 校長は、児童等が進学した場合においては、その作成に係る当該児童等の指導要録の抄本又は写しを作成し、これを進学先の校長に送付しなければならない。

③ 校長は、児童等が転学した場合においては、その作成に係る当該児童等の指導要録の写しを作成し、その写し（転学してきた児童等については転学により送付を受けた指導要録（中略）の写しを含む。）及び前項の抄本又は写しを転学先の校長（中略）に送付しなければならない。

6 児童生徒の在学（入学・進級・卒業）
法定表簿と保存期間

法定表簿は学校教育法施行規則に7項目を列挙。
情報公開と個人情報保護の動きを踏まえ、管理の徹底を。

◆ 法定表簿の種類

　法定表簿とは、学校表簿（学校に備え付けることが義務づけられている文書・帳簿のことで、学校備付表簿ともいう）のうち、その作成や保存について国の法令で規定したものをいう。

　学校教育法施行規則第28条は、学校表簿として次の7項目を挙げている。①学校に関係のある法令、②学則、日課表、教科用図書配当表、学校医執務記録簿、学校歯科医執務記録簿、学校薬剤師執務記録簿及び学校日誌、③職員の名簿、履歴書、出勤簿並びに担任学級、担任の教科又は科目及び時間表、④指導要録、その写し及び抄本並びに出席簿及び健康診断に関する表簿、⑤入学者の選抜及び成績考査に関する表簿、⑥資産原簿、出納簿及び経費の予算決算についての帳簿並びに図書機械器具、標本、模型等の教具の目録、⑦往復文書処理簿。このほか、学校保健安全法施行規則では健康診断票及び職員健康診断票の作成と保存について規定している（第8条及び第15条）。

　各学校では、情報公開と個人情報保護の動向に留意しつつ、これらの表簿の管理徹底が図られる必要がある。

◆ 法定表簿の保存期間

　法定表簿については、それぞれ保存期間が決まっており、指導要録及びその写しのうち、学籍に関する記録は20年間、その他の表簿は5年間保存しなければならない。指導要録の抄本は、進学してきた児童生徒が在学する間保存する。

　なお、指導要録のうち、学籍に関する記録について長期の保存期間が設定されているのは、児童生徒が卒業後、就職などのために履歴を証明する際に必要になるからである。一方、指導に関する記録の保存期間については、プライバシーを保護する観点から5年間とされている。

●法定表簿に関する規定

学校表簿＝ 法定表簿（基本的なものは学校教育法施行規則第28条に規定）
　　　　　　＋
　　　　　　教育委員会規則（学校管理規則等）その他の規定によるもの

●法定表簿の保存期間

表　簿		保存年限	根拠法令
指導要録の原本・写し	学籍に関するもの	20年	学校教育法施行規則第28条
	指導に関するもの	5年	学校教育法施行規則第28条
その他の表簿		5年	学校教育法施行規則第28条
健康診断票		5年	学校保健安全法施行規則第8条
職員健康診断票		5年	学校保健安全法施行規則第15条

[関連する法令]

〈学校教育法施行規則〉
第28条　学校において備えなければならない表簿は、概ね次のとおりとする。（以下、一～七は略）
② 　前項の表簿（第24条第2項の抄本又は写しを除く。）は、別に定めるもののほか、5年間保存しなければならない。ただし、指導要録及びその写しのうち入学、卒業等の学籍に関する記録については、その保存期間は、20年間とする。
③ 　学校教育法施行令第31条の規定により指導要録及びその写しを保存しなければならない期間は、前項のこれらの書類の保存期間から当該学校においてこれらの書類を保存していた期間を控除した期間とする。

1 学習指導要領の弾力的運用

教育課程

学習指導要領は「最低基準」であり、弾力的な扱いが可能。
各学校の創意工夫で、児童生徒の実態に応じた指導を。

◆ 学習指導要領の性格

　学習指導要領は、全国的に一定の教育水準を確保するなどの観点から各学校が編成する教育課程の基準として、国が学校教育法等の規定に基づき各教科等の目標や大まかな内容を告示として示しているものである。各学校の教育課程は学習指導要領に従って編成されなければならないが、学習指導要領はあくまでも基準であり、実際には、地域や学校及び児童生徒の実態に即しながら、各学校が創意工夫を加えて編成するものとされている。

◆ 学習指導要領の「基準性」の明確化

　たとえば、学習指導要領に示している内容は、すべての児童生徒に対して確実に指導しなければならないものであるが、個に応じた指導を充実する観点から、児童生徒の実態に応じて、発展的内容など学習指導要領に示されていない内容を加えて指導することもできる。つまり、学習指導要領は「最低基準」として弾力的に扱うことが可能となっている。

　この学習指導要領の「基準性」については、2002（平成14）年1月に文部科学省が公表した「学びのすすめ」、2003（平成15）年10月の中教審答申「初等中等教育における当面の教育課程及び指導の充実・改善方策について」及び同答申を踏まえ、同年12月に実施された学習指導要領の一部改訂において、そのいっそうの明確化が図られた。

◆ 授業時数の弾力的運用など

　学習指導要領はほかにも、各教科等や学習活動の特質に応じ効果的な場合、特定の期間（夏季・冬季・学年末等の休業日など）に授業日を設定できることや、授業の1単位時間を各学校で工夫して定めることなど、弾力的な扱いができるようになっている。各学校の創意と工夫が求められる。

●学習指導要領と運用

学習指導要領…全国的に一定の教育水準を確保　国の示す教育課程の基準

> 弾力的な扱いが可能
> *学習指導要領に示されていない内容（発展的内容など）を指導できる
> *授業時数や1単位時間の弾力的運用　など

「基準性」の強化・明確化

※1947（昭和22）年3月：『学習指導要領一般編（試案）』刊行
　1958（昭和33）年10月：学習指導要領の「告示」…「基準性」の強化
　　　　　　　　　　　（＝法的拘束力）

- 2002（平成14）年1月：文部科学省「学びのすすめ」
  ↓
- 2003（平成15）年10月：中教審答申「初等中等教育における当面の教育課程及び指導の充実・改善方策について」
  ↓
- 2003（平成15）年12月：学習指導要領の一部改訂

「基準性」の明確化

参考
「確かな学力向上のための2002アピール―学びのすすめ―」（文部科学省、平成14年1月）
2　発展的な学習で、一人一人の個性等に応じて子どもの力をより伸ばす
学習指導要領は最低基準であり、理解の進んでいる子どもは、発展的な学習で力をより伸ばす

【　関連する法令　】

〈学校教育法施行規則〉
第52条　小学校の教育課程については、この節に定めるもののほか、教育課程の基準として文部科学大臣が別に公示する小学校学習指導要領によるものとする。

2 教育課程の編成

教育課程を編成するのは各学校。
学習指導要領をもとに、学校の自主性を活かした教育課程の編成を。

◆ 教育課程編成の主体

「教育課程」は多義的な用語であるが、一般的には、「学校の教育の目的や目標を達成するために、教育の内容を児童（生徒）の心身の発達に応じ、授業時数との関連において総合的に組織した学校の教育計画」といえる。学習指導要領の総則に「各学校においては、…適切な教育課程を編成するもの」とするとあるように、教育課程の編成主体は各学校とされており、「校務をつかさどり、所属職員を監督する」（学校教育法第37条第4項）校長が責任者となって編成することになる。ただし、学校は組織体であるので、全教職員が連携・協力し、学校として統一性のある教育課程を編成しなければならない。

◆ 教育課程編成の原則

各学校は教育課程編成の主体ではあるが、自由かつ恣意的に教育課程を編成してよいわけではない。編成にあたっては、教育基本法や学校教育法などの法令、学習指導要領、さらに教育委員会の基準や指導・助言に従う必要がある。また、児童生徒の人間として調和のとれた育成を目指し、地域や学校の実態及び児童生徒の心身の発達段階や特性等を十分考慮しつつ、創意工夫を活かした教育課程を編成することが大切である。

◆ 授業時数の確保

各教科等の指導は、一定の時間内で行われるものであり、これらに対する授業時数の配当は、教育課程編成の上で重要な要素である。学校教育法施行規則では年間授業時数の標準を、学習指導要領では年間授業週数を定めており、各学校ではこれらを踏まえて授業時数を実質的に確保する必要がある。

授業の1単位時間（授業の1コマを何分にするか）については、年間授業時数を確保しつつ、各教科等や学習活動の特質などを考慮して、各学校が適切に定めることになっている。

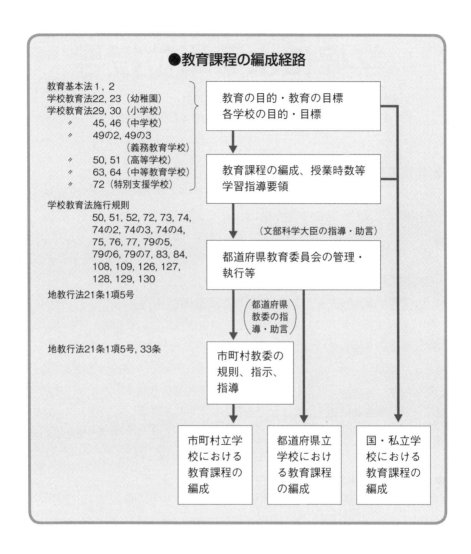

[関連する法令]

〈小学校学習指導要領・第1章総則第1　小学校教育の基本と教育課程の役割〉
1　各学校においては、教育基本法及び学校教育法その他の法令並びにこの章以下に示すところに従い、児童の人間として調和のとれた育成を目指し、児童の心身の発達の段階や特性及び学校や地域の実態を十分考慮して、適切な教育課程を編成するものとし、これらに掲げる目標を達成するよう教育を行うものとする。

教育課程

3 他校での単位修得、学修による単位授与

在学する学校以外の学習成果も単位認定が可能。
生徒の実情に応じた単位認定で高校教育のいっそうの充実を。

◆ 高校における単位認定

　高校では、生徒が学校の定める指導計画に従って各教科・科目等を履修し、その成果が各教科・科目等の目標に照らして満足できると認められる場合に、所定の単位を修得したことが認定される。近年、生徒の能力・関心等が多様化していることから、在学する高校以外の場での学習成果を評価することにより、当該高校の単位として認定することが可能となっている。

◆ 他校での単位修得（学校間連携による単位修得）

　学校教育法施行規則第97条は他校での単位修得について規定している。これは、生徒の履修したい科目が自校に設けられておらず他校で開設されている場合、学校間の協議により、自校の生徒が他校において一部科目を履修することを可能とし、他校で修得した科目の単位数を生徒の在学する高校が定めた卒業に必要な単位数に加えることができるというものである。これにより生徒の選択の幅を拡大することが可能となる。他校での単位取得に基づき加えることができる単位数は合計36単位を超えないものとされている。

◆ 学修による単位授与の特例

　学校教育法施行規則第98条は学修による単位授与の特例について規定しており、ここでは、①大学、高等専門学校又は専修学校等における学修の単位認定、②知識及び技能審査の成果の単位認定、③ボランティア活動等の単位認定が掲げられている。このうち②について、従前は、実用英語技能検定や簿記検定などの知識・技能審査に合格した場合のみ単位認定が可能であったが、2006（平成18）年度より、TOEFLやTOEICなどのように、合格・不合格の区別のない審査の成果に係る学修についても単位認定が可能となった。

　なお、学修による単位授与の特例に基づき与えることのできる単位数は、他校での単位修得同様、合計36単位を超えないものとされている。

●高校での他校・学修での単位取得

他校での単位取得
（学校間連携による単位取得）
（36単位まで）

自校のカリキュラム以外でも単位取得が可能に

学修による単位授与
①大学、高等専門学校又は専修学校等における学修
②知識及び技能審査の成果
③ボランティア活動等
（36単位まで）

●技能審査の成果の単位認定例

単位認定の対象となる技能審査の種類及び単位数（抜粋）（平成28年10月改正）

教科	技能審査の種類	級・種別	単位数
外国語	TOEIC（L&R）	945点〜	4
		785点〜	4
		550点〜	3
		225点〜	2
	TOEFL iBT	95点〜120点	4
		72点〜94点	4
		42点〜71点	3
		35点〜41点	2
	国際連合公用語英語検定試験	特A級	4
		A級	4
		B級	3
		C級	2
		D級	1

出典：神奈川県立神奈川総合産業高等学校ホームページより

[**関連する法令**]

〈学校教育法施行規則〉
第97条　校長は、教育上有益と認めるときは、生徒が当該校長の定めるところにより他の高等学校又は中等教育学校の後期課程において一部の科目の単位を修得したときは、当該修得した単位数を当該生徒の在学する高等学校が定めた全課程の修了を認めるに必要な単位数のうちに加えることができる。
第98条　校長は、教育上有益と認めるときは、当該校長の定めるところにより、生徒が行う次に掲げる学修を当該生徒の在学する高等学校における科目の履修とみなし、当該科目の単位を与えることができる。（一〜三は略。本文及び上図参照）

4 教育課程

学校の臨時休業

主な臨時休業は、「非常変災」と「感染症予防」の場合の２つ。
このほか、校長が必要と判断した時や教育委員会の指示による臨時休業も。

◆ 休業日・臨時休業

　学校の休業日は、公立学校の場合、学校教育法施行規則第61条で次のように定められている。①国民の祝日に関する法律に規定する日、②日曜日及び土曜日、③学校教育法施行令第29条の規定により教育委員会の定める日。私立学校の場合は、学則で休業日を定める。

　休業日のほかに、一定の理由がある場合、臨時に授業を行わないことがあり、これを臨時休業という。主な臨時休業には、非常変災によるものと感染症予防に伴うものの２つがあるが、ほかにも、校長がとくに必要と認め教育委員会の承認を受けて行うものや、教育委員会の指示によって行うものがある。

　臨時休業を実施した場合、学校は補充授業を実施するなど可能な限り定められた授業時数確保の措置を講じる必要がある。

◆ 非常変災による臨時休業

　校長は、非常変災その他急迫の事情があるときは、臨時に授業を行わないことができる。これは、自然災害（暴風、大雨、地震、津波、噴火等）や学校火災、集団中毒などの発生により、授業の実施が困難と判断される場合である。臨時休業を行った場合、公立学校では教育委員会、私立学校では都道府県知事に対し、その旨を報告することになっている。

◆ 感染症予防のための臨時休業

　学校の設置者は、感染症の予防上必要があるとき、臨時に学校の全部または一部の休業を行うことができる。この場合、臨時休業を行う事務を校長に委任することもできる。留意事項としては、①あらかじめ保健所に連絡する、②学校医その他の医師の意見を聞く、③休業中の児童生徒の生活指導、学習指導、保健指導を適切にする、④休業後、授業を再開する場合には、児童生徒の欠席や罹病状況等をよく調査し、保健指導を十分に行うこと、などが挙げられる。

●主な臨時休業

非常変災その他急迫の事情があるとき

＊自然災害（暴風、大雨、地震、津波、噴火等）
　学校火災、集団中毒などの発生

↓

校長の判断で臨時休業 → 公立学校：教育委員会　→に報告
　　　　　　　　　　　　私立学校：都道府県知事

感染症の予防上必要があるとき

＊学校において予防すべき感染症の種類
　＝学校保健安全法施行規則第18条で規定

↓

学校の設置者の判断で臨時休業
（いわゆる「学校閉鎖」・「学年閉鎖」・「学級閉鎖」）
＊臨時休業を行う事務を校長に委任することも可

[関連する法令]

〈学校教育法施行規則〉
第63条　非常変災その他急迫の事情があるときは、校長は、臨時に授業を行わないことができる。この場合において、公立小学校についてはこの旨を当該学校を設置する地方公共団体の教育委員会（中略）に報告しなければならない。

〈学校保健安全法〉
第20条　学校の設置者は、感染症の予防上必要があるときは、臨時に、学校の全部又は一部の休業を行うことができる。

5 教育課程

人権教育

人権尊重の意識を高めることは学校教育の基本的課題。
施策の動向を踏まえながら、各学校全体で取組の充実を。

◆ 人権・人権教育

　人権とは、「人間の尊厳に基づいて各人が持っている固有の権利であり、社会を構成するすべての人々が個人としての生存と自由を確保し社会において幸福な生活を営むために欠かすことのできない権利」(「人権教育・啓発に関する基本計画」)をいう。このような意味をもつ人権は最大限に保障され、尊重されなければならず、そのために人権教育が必要とされる。

◆ 国連における人権保障・人権教育のための取組

　1948(昭和23)年12月、二度にわたる世界大戦の反省を踏まえ、人権及び自由を尊重し確保するために、「世界人権宣言」が国連総会で採択された。以後、国連総会では、1966(昭和41)年に「経済的、社会的及び文化的権利に関する国際規約」(A規約)及び「市民的及び政治的権利に関する国際規約」(B規約)、1989(平成元)年には「児童の権利に関する条約」、1994(平成6)年には「人権教育のための国連10年」(以下、「国連10年」)等が採択・決議されており、人権保障に関するさまざまな国際的努力が重ねられてきた。

◆「人権教育及び人権啓発の推進に関する法律」の制定

　「国連10年」を受けて、わが国でも1997(平成9)年7月に「国連10年」に関する国内行動計画が策定された。1996(平成8)年12月には、人権擁護施策推進法が制定され、人権教育・啓発に関する施策等を推進すべき国の責務が定められた(2002(平成14)年3月25日失効)が、施策のいっそうの推進を図るため、2000(平成12)年12月には「人権教育及び人権啓発の推進に関する法律」が制定された。同法第7条の規定に基づき、2002(平成14)年3月には「人権教育・啓発に関する基本計画」が閣議決定されている。同計画を踏まえ、2004(平成16)～2008(平成20)年には3次にわたり「人権教育の指導方法等の在り方について」が取りまとめられている。

●人権教育関連略年表

1948（昭和23）年：国連で「世界人権宣言」を採択
1966（昭和41）年：国連で「経済的、社会的及び文化的権利に関する国際規約」（A規約）及び「市民的及び政治的権利に関する国際規約」（B規約）を採択
1989（平成元）年：国連で「児童の権利に関する条約（子どもの権利条約）」を採択
1994（平成6）年：国連で「人権教育のための国連10年」を決議
1994（平成6）年：「児童の権利に関する条約」を批准
1996（平成8）年：人権擁護施策推進法制定
1997（平成9）年：「人権教育のための国連10年に関する国内行動計画」策定
2000（平成12）年：「人権教育及び人権啓発の推進に関する法律」制定
2002（平成14）年：「人権教育・啓発に関する基本計画」策定
2008（平成20）年：「人権教育の指導方法等の在り方について［第3次とりまとめ］」
2011（平成23）年：国連で「人権教育及び研修に関する国連宣言」を採択

●人権尊重の視点に立った学校づくり

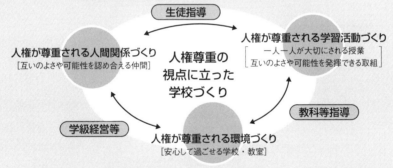

出典：文部科学省「人権教育の指導方法等の在り方について［第3次とりまとめ］」（平成20年3月）参考資料より

[関連する法令]

〈人権教育及び人権啓発の推進に関する法律〉
第2条　この法律において、人権教育とは、人権尊重の精神の涵養を目的とする教育活動をいい、人権啓発とは、国民の間に人権尊重の理念を普及させ、及びそれに対する国民の理解を深めることを目的とする広報その他の啓発活動（人権教育を除く。）をいう。
第3条　国及び地方公共団体が行う人権教育及び人権啓発は、学校、地域、家庭、職域その他の様々な場を通じて、国民が、その発達段階に応じ、人権尊重の理念に対する理解を深め、これを体得することができるよう、多様な機会の提供、効果的な手法の採用、国民の自主性の尊重及び実施機関の中立性の確保を旨として行われなければならない。

コラム 学校施設の目的外使用

●学校施設の使用の原則と目的外使用

　公立学校の施設は、学校の教育活動のために設置されているものであり、本来的には目的外の使用は禁止されている。しかし、学校施設は公的施設であり、体育館や校庭などの多目的の施設も備えているため、学校施設の有効活用という考え方のもと、特別立法や社会教育活動などに基づいて目的外で使用することや管理者の許可のもとでの目的外の使用が認められている。

　学校教育法は、学校教育上支障のない限りとの留保をつけた上で利用させることができるとしており、各教育委員会は学校管理規則や条例などで基本ルールを定めた上で使用の許可を校長に委任している場合が多い。校長は、地域メリットや教育活動への支障の有無、使用目的が学校施設の利用にふさわしいものかなどを勘案し、目的外使用の許可を判断する。

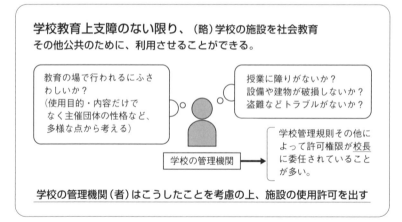

関連する法令

〈学校施設の確保に関する政令〉
第3条　学校施設は、学校が学校教育の目的に使用する場合を除く外、使用してはならない。
　　但し、左の各号の一に該当する場合は、この限りでない。
　　一　法律又は法律に基く命令の規定に基いて使用する場合
　　二　管理者又は学校の長の同意を得て使用する場合

第2章

教員の職務に関すること

1 服務の根本基準

教員の服務

公務員が勤務に服する上での根本的な心構え。
服務義務は、「職務上の義務」と「身分上の義務」に分類される。

◆ 服務とは？

　服務とは、広義では「公務員が官庁などの職場で仕事をすること」であるが、狭義には「公務員が職務及び職務外において課せられる義務」を指し、「公務員が勤務に服する際に遵守すべき義務の総体」を意味している。

◆ 服務の根本基準

　服務の根本基準とは、公務員が勤務に服する上での根本的な心構えのことである。憲法第15条第2項では、すべて公務員は、全体の奉仕者であって、一部の奉仕者ではないとされている。これを根拠に地方公務員法においては、住民全体の奉仕者として公共の利益のために勤務し、全力をあげて職務に専念すべきことが、服務の根本基準とされている（地方公務員法第30条）。

　このような服務義務は、地方公務員法第31条から第38条において規定されており、公務員の職務に直接関係してくる「職務上の義務」と、公務員として身分上守らなければならない「身分上の義務」に分類される。

　このように地方公務員が服務義務を負うべき根拠としては、民間企業等の雇用関係における場合とは基本的に異なり、全体の奉仕者として公共の利益のために勤務する公僕として規律に服することを受諾し、公務員関係に入った職員自身の意思にあるとされている。

◆ 服務の宣誓

　新たに地方公務員となった者は、職務につく前に、条例の定めるところにより服務の宣誓をしなければならない（地方公務員法第31条）。ただし、この服務の宣誓は、公務員関係に入ることを受諾したことによって生じた職員の服務義務に従うことを住民に対して宣言するものであり、職員の倫理的自覚を促すことを目的として行われる。

● 教職員の標準的な処分量定の事例

非行の種類			処分の量定
交通事故	飲酒運転での交通事故	・酒酔い運転又は酒気帯び運転で人を死亡させ、又は傷害を負わせた場合 ・酒酔い運転で物損事故を起こした場合 ・酒気帯び運転で物損事故を起こし、逃走した場合	免職
		・酒気帯び運転で物損事故を起こした場合	免職・停職
	飲酒運転以外での交通事故	・人を死亡させ、又は重篤な傷害を負わせ逃走した場合 ・人に傷害を負わせ逃走した場合	免職
		・人を死亡させ、又は重篤な傷害を負わせた場合	免職・停職
		・人に傷害を負わせた場合	減給・戒告

出典：東京都教育委員会「教職員の主な非行に対する標準的な処分量定（平成28年4月）」より抜粋して作成

〔 関連する法令 〕

〈日本国憲法〉
第15条
② すべて公務員は、全体の奉仕者であって、一部の奉仕者ではない。

〈地方公務員法〉
第30条　すべて職員は、全体の奉仕者として公共の利益のために勤務し、且つ、職務の遂行に当つては、全力を挙げてこれに専念しなければならない。
第31条　職員は、条例の定めるところにより、服務の宣誓をしなければならない。

〈地方教育行政の組織及び運営に関する法律〉
第43条　市町村委員会は、県費負担教職員の服務を監督する。
2　県費負担教職員は、その職務を遂行するに当つて、法令、当該市町村の条例及び規則並びに当該市町村委員会の定める教育委員会規則及び規程（前条又は次項の規定によつて都道府県が制定する条例を含む。）に従い、かつ、市町村委員会その他職務上の上司の職務上の命令に忠実に従わなければならない。

教員の服務

2 思想・良心の自由と公務員の職務

国旗掲揚・国歌斉唱問題へ管理職として政府統一見解を参考に対応。
判例の動向としては、政府統一見解に沿う傾向。

◆ 国旗掲揚・国歌斉唱問題への管理職としての対応

1999（平成11）年8月13日「国旗及び国歌に関する法律」（以下、「国旗・国歌法」という）が制定され、国旗の制式と国歌の歌詞及び楽曲は法律上の根拠をもったが、同法には国旗・国歌の尊重義務は規定されてはいない。しかし、同法成立以前から、「学校における国旗・国歌の指導について」（政府統一見解：平6・10・13、右表参照）では、告示としての学習指導要領（特別活動）を根拠として、入学式や卒業式などにおいて校長や教員は、長年の慣行として国旗掲揚及び国歌斉唱を、児童生徒に対して指導することとされてきた。

しかしながら、入学式及び卒業式において、国旗の掲揚や国歌の斉唱を行わない学校があるため、その適切な取扱いについて徹底することとして、国旗・国歌法制定以前から「学校における国旗及び国歌に関する指導について」の通知が、たびたび出されてきた。（文初小第162号・昭和60年8月28日、文初小第145号・平成11年9月17日、14文科初第540号・平成14年7月31日）

◆ 国旗掲揚・国歌斉唱問題に関する判例の動向及び懲戒処分等の状況

広島県立世羅高校校長が卒業式当日に自殺したことを契機として、国旗・国歌法が制定された経緯もあり、同問題は思想・良心の自由と公務員の職務命令に係わる事案として注目されてきた。判例の動向としては、右表で示されているように、従来の政府統一見解を踏襲し、学習指導要領に従った校長の国旗掲揚・国歌斉唱は適法な職務行為であるという判決が出ている。たとえば、2011（平成23）年5月30日の最高裁判決では、東京都立高校の卒業式で国歌斉唱時の起立を命じた校長の職務命令は憲法第19条に違反しないと、最高裁が初めて合憲の判断を示し、その後も同様の判決が出されている。同問題に係る懲戒処分等を受けた教員の数は、2011（平成23）年度合計で前年度比28人増の52人であったが、その後は減少に転じ2016（平成28）年度は2人であった。

●「学校における国旗・国歌の指導について」

① 学習指導要領は、学校教育法の規定に基づいて、各学校における教育課程の基準として文部省告示で定められたものであり、各学校においては、この基準に基づいて教育課程を編成しなければならないものである。
② 学習指導要領においては、「入学式や卒業式などにおいては、その意義を踏まえ、国旗を掲揚するとともに、国歌を斉唱するよう指導するものとする」とされており、したがって、校長教員は、これに基づいて児童生徒を指導するものとする。
③ このことは、児童生徒の内心にまで立ち入って強制しようとする趣旨のものではなく、あくまでも教育指導上の課題として指導を進めていくことが必要である。

(平成6年10月13日・衆議院予算委員会で示された政府統一見解)

●国旗掲揚・国歌斉唱問題に関する判例の動向

事　項	内　　容
福岡地裁判決 (昭55・6・20)	卒業式の「君が代」斉唱は、式次第の一部にすぎず、児童・生徒、父兄、教職員等の関係者らのいずれの権利義務にも何ら変動を生じるものでないことは明白であり、「行政庁の公権力の行使に当たる行為」に当たらない
大阪地裁判決 (平8・2・22)	学習指導要領の国旗掲揚条項は、法的効力のあるものであり、この条項に従って「日の丸」を掲揚し、また掲揚しようとした校長の行為は適法な職務行為
最高裁判決 (平19・2・27)	客観的に見て、入学式の国歌斉唱の際に「君が代」のピアノ伴奏をするという行為自体は、音楽専科の教諭等にとって通常想定され期待されるものであって、上記伴奏を行う教諭等が特定の思想を有するということを外部に表明する行為であると評価することは困難

[関連する法令]

〈日本国憲法〉
第19条　思想及び良心の自由は、これを侵してはならない。
〈国旗及び国歌に関する法律〉
第1条　国旗は、日章旗とする。
第2条　国歌は、君が代とする。

3 教員の服務

法令等及び上司の職務上の命令に従う義務

地方公務員は、法令・条例・規則・規程に従うことが義務。
職務命令の形式・手続きに法令上特別の規定はなく、文書・口頭でも可能。

◆ 法令等に従う義務

　地方公務員は、職務を遂行するに当たっては、憲法、中央政府が制定した法令、地方議会が制定した条例、地方公共団体の規則、及び地方公共団体の機関が定める規程に従うことが義務づけられている（地方公務員法第32条）。

◆ 上司の職務命令

　地方公務員は、上司の職務上の命令に忠実に従わなければならないが（地方公務員法第32条）、「上司の命令である事を理由に、法規の範囲内においてこれに服従する義務があるのであって、これを逸脱した命令である限り、これに服従する義務はない」（大分地裁判決：昭33・8・4）。

　職務命令が正しく発せられるためには、①権限のある上司から発せられた命令であること（教職員の場合、教育委員会、教育長、所属校の校長、副校長、教頭が上司に相当）、②権限のある上司のつかさどる権限内の職務に関する命令であること、③実行可能な命令であること、以上の3つの要件を満たしている必要がある。また、職務命令の形式・手続きについては、法令上特別の規定はなく、文書でも口頭でも可能であり、法的効力に変わりはないとされている。

◆ 県費負担教職員の場合

　県費負担教職員は、服務監督権が市町村委員会にあることから（地教行法第43条第1項）、法令、当該市町村の条例・規則、及び当該市町村委員会の定める教育委員会規則・規程に従わなければならないが（同法第43条第2項）、給与、勤務時間その他の勤務条件（同法第42条）及び任免、分限又は懲戒に関しては、任命権者である都道府県の条例に従うことになる（同法第43条第3項）。

●職務上の命令に関する判例等の動向

事　項	内　容
初中局長回答 （昭33・10・24・ 委初297）	教育行政上の必要に基づいて計画された講習会に出席することを命ぜられながら、出席しないことは、職務命令違反となる。
東京高裁判決 （昭49・5・8） 最高裁判決 （昭53・11・14）	教育委員会の校長に対する勤務評定書提出命令は訓令であると同時に職務命令としての性格をももっているものであるから、重大かつ明白な無効の瑕疵をもたない限り、違法であっても服従すべきものである。
広島地裁判決 （昭61・11・19）	教育委員会ならともかく、校長の公立小学校教諭に対する研修命令が、勤務場所の変更を伴い、かつ長期間のものであるときは、教諭の職務内容を著しく変更することになり、違法である。しかし上司の職務命令に瑕疵がある場合でも、何人が見ても違法であることが明白で、かつそれに服従すれば違法な行為をなす結果となる場合をのぞき、服従義務がある。

[関連する法令]

〈地方公務員法〉
第32条　職員は、その職務を遂行するに当つて、法令、条例、地方公共団体の規則及び地方公共団体の機関の定める規程に従い、且つ、上司の職務上の命令に忠実に従わなければならない。

〈地方教育行政の組織及び運営に関する法律〉
第43条　市町村委員会は、県費負担教職員の服務を監督する。
2　県費負担教職員は、その職務を遂行するに当つて、法令、当該市町村の条例及び規則並びに当該市町村委員会の定める教育委員会規則及び規程（前条又は次項の規定によつて都道府県が制定する条例を含む。）に従い、かつ、市町村委員会その他職務上の上司の職務上の命令に忠実に従わなければならない。
3　県費負担教職員の任免、分限又は懲戒に関して、地方公務員法の規定により条例で定めるものとされている事項は、都道府県の条例で定める。

4 教員の服務
信用失墜行為の禁止

> 教育公務員は、一般公務員より高度な行動規範が求められる。
> 信用失墜行為は、社会通念に基づいて個々の事案ごとに判断。

◆ 信用失墜行為の禁止

　地方公務員は、その職が国民の信用を前提に成立していることから、一般国民や民間企業等の従事者以上に高度な倫理観が要求されており、その職の信用を傷つけたり、職全体の不名誉となったりするような行為は禁止されている（地方公務員法第33条）。同じ地方公務員でも、一般行政職員よりも教員や警察官は、よりいっそうの信用が期待されており、とくに教育公務員の場合は、教育を通じて国民全体に奉仕する職務とその責任の特殊性に基づき（教育公務員特例法第1条）、他の公務員よりも高度な行動規範が求められている。

　ここで信用失墜行為に関する規定は、職務上の非行だけではなく、公務員としての身分を保有している限り、勤務時間外・職務外の行為についても適用される、いわゆる「身分上の義務」の1つである。

◆ 信用失墜行為の範囲と具体例

　信用失墜行為とは、懲戒処分の事由である「全体の奉仕者たるにふさわしくない非行」（地方公務員法第29条第3号）と同義であるが、具体的に何をもって信用失墜行為とするかについての一般的基準に関する法的規定はなく、社会通念に基づいて個々の事案ごとに判断することになっている。

　教育公務員の場合、信用失墜行為と見なされる具体的事例としては、①飲酒運転や速度違反等の道路交通法違反、②窃盗や万引き等の刑法違反、③強制わいせつや迷惑防止条例違反等の破廉恥罪、④児童生徒及び同僚職員に対するセクシュア・ハラスメント、⑤進路指導や修学旅行、補助教材の購入にからむリベート受領等の不正行為、⑥個人情報の漏洩、⑦政治的行為の禁止事項、以上を含めた教員としてあるまじき行為がこれに相当する。

　信用失墜行為に関する判例の動向としては、右の表のとおりである。

●信用失墜行為に関する判例の動向

事　項	内　容
松山地裁判決 （昭50・2・10）	愛媛県における学力テストの実施をめぐって不正行為があった等、司法審査に耐えられない教職員全体の不名誉となる事実を公表した行為は本条に該当し、地方公務員法29条1項1号および3号による懲戒処分は正当である。
広島高裁判決 （昭51・4・19）	公立中学校教諭が、全国中学校学力調査実施後、授業時間中に生徒に感想文を書かせ、これを勤務中に編集、印刷したことは、職務専念義務に違反し、信用失墜行為に当たる。
福岡地裁判決 （平10・2・24）	卒業式国歌斉唱時に児童の国歌斉唱拒否の発言・着席に呼応するかのように着席し、その後の進行でも混乱した卒業式の退場の際に右手こぶしを振り上げるという行為が、教育公務員の職の信用を傷つけるとした戒告処分は適法。
東京地裁判決 （平12・4・26）	入学式の日章旗を引き降ろしたため、都教育委員会が町立小学校の教諭に対して課した戒告処分が、町教育委員会からの内申の提出を待たずにされた場合は、違法である。

[関連する法令]

〈地方公務員法〉
第29条　職員が次の各号の一に該当する場合においては、これに対し懲戒処分として戒告、減給、停職又は免職の処分をすることができる。
　一　この法律若しくは第57条に規定する特例を定めた法律又はこれに基く条例、地方公共団体の規則若しくは地方公共団体の機関の定める規程に違反した場合
　二　職務上の義務に違反し、又は職務を怠った場合
　三　全体の奉仕者たるにふさわしくない非行のあつた場合
第33条　職員は、その職の信用を傷つけ、又は職員の職全体の不名誉となるような行為をしてはならない。

5 秘密を守る義務

教員の服務

守秘義務は、在職中だけではなく退職後においても同様に適用。
職務上の秘密に属する事項を発表する場合、任命権者の許可が必要。

◆ 秘密の範囲

　法律上の秘密とは、「一般に了知されていない事実であって、それを一般に了知せしめることが一定の利益の侵害になると客観的に考えられるもの」（公務員課長回答：昭30・2・18自丁公発23）のことである。ここで地方公務員法第34条第1項の「職務上知り得た秘密」とは、「職務執行上知り得た秘密」を指すものとされており、具体的には指導要録や健康診断票等の法定備付表簿類への記載事項等が該当する。これに対して、同法第34条第2項の「職務上の秘密」とは、職員の職務上の所管に属する秘密を指すものとされており、たとえば家庭訪問や子どもから聞いた話などから知った家庭のプライベートな事情等が該当する。

　地方公務員は、在職中だけではなく退職後においても、職務上知り得た秘密を漏らすことはできない（地方公務員法第34条第1項）。もし、このような守秘義務に違反した場合は、「1年以下の懲役又は50万円以下の罰金に処する」（同法第60条第2号）といった刑罰の対象になるだけではなく、現職の場合は、服務義務違反として懲戒処分の対象にもなり得る。

◆ 秘密の公表

　地方公務員が、法令による証人、鑑定人等となり、職務上の秘密に属する事項を発表する場合、任命権者である都道府県教育委員会（退職者については、その退職した職又はこれに相当する職に係る任命権者、また県費負担教職員は、市町村教育委員会）の許可を受けなければならない（地方公務員法第34条第2項）。ただし、法令による証人、鑑定人等となり、職務上の秘密に属する事項を発表する場合は、法律に特別の定がある場合を除き、教育委員会はその公表を拒むことはできない（同法第34条第3項）。

●守秘義務に関する通達の動向

事　項	内　　容
公務員課長回答 （昭30・2・18 自丁公発23）	「秘密」とは、一般に了知されていない事実であって、それを一般に了知せしめることが一定の利益の侵害になると客観的に考えられるものをいい、地方公務員法第34条1項の「職務上知り得た秘密」とは、職務執行上知り得た秘密を、2項の「職務上の秘密」とは、職員の職務上の所管に属する秘密をそれぞれ指すものと解される。
公務員課長回答 （昭37・8・10 自丁公発79）	職員の履歴書等の人事記録は、一般には秘密に属する事項と考えられるので、これを公開すべきではない。

●「秘密」の意味

　国家公務員法第100条第1項の文言及び趣旨を考慮すると、同条項にいう「秘密」であるためには、国家機関が単にある事項につき形式的に秘密の指定をしただけでは足りず、非公知の事項であつて、実質的にも秘密として保護するに値すると認められなければならない。（最高裁判決：昭52・12・19、最高裁判決：昭53・5・31）

[**関連する法令**]

〈地方公務員法〉
第34条　職員は、職務上知り得た秘密を漏らしてはならない。その職を退いた後も、また、同様とする。
2　法令による証人、鑑定人等となり、職務上の秘密に属する事項を発表する場合においては、任命権者（退職者については、その退職した職又はこれに相当する職に係る任命権者）の許可を受けなければならない。
3　前項の許可は、法律に特別の定がある場合を除く外、拒むことができない。
第60条　次の各号のいずれかに該当する者は、1年以下の懲役又は50万円以下の罰金に処する。
　二　第34条第1項又は第2項の規定（第9条の2第12項において準用する場合を含む。）に違反して秘密を漏らした者

〈地方教育行政の組織及び運営に関する法律〉
第47条　この法律に特別の定めがあるもののほか、県費負担教職員に対して地方公務員法を適用する場合においては、同法中次の表の上欄に掲げる規定の中欄に掲げる字句は、それぞれ同表の下欄に掲げる字句に読み替えるものとする。

規　定	読み替えられる字句	読み替える字句
第34条第2項	任命権者	市町村教育委員会

6 職務に専念する義務

教員の服務

当該地方公共団体がなすべき責を有する職務にのみ従事。
法律または条例に特別の定がある場合、職務専念義務が免除される場合あり。

◆ 職務専念義務

地方公務員は、当該地方公共団体がなすべき責を有する職務にのみに従事し、勤務時間中職務上の注意力のすべてをその職責遂行のために用いなければならないとされている（地方公務員法第35条）。この職務専念義務は、身体活動の面からのみではなく、精神活動の面においても注意力のすべてを職務の遂行に向けるべきであると解されており、この場合の「勤務時間中」とは、超過勤務時間や休日勤務の時間も含まれる。

◆ 職務専念義務の免除

地方公務員は、当該地方公共団体がなすべき責を有する職務にのみに従事しなければならないが、法律または条例に特別の定がある場合、必要に応じて権限のある上司（教育委員会または校長）の許可・承認を受けて、職務専念義務が免除される場合がある。これが職務専念義務免除である。

ただし、たとえ職務専念義務が免除された場合でも、その期間中、身分上の義務（信用失墜行為の禁止、守秘義務、政治的行為の制限、争議行為等の禁止、営利企業等の従事制限）は負わなければならない。

◆ 職務専念義務が免除される場合

職務専念義務は、公務に支障がない範囲で免除されるが、その根拠には右表で示されているように大きく分けて、（1）法律に特別の定がある場合と、（2）条例に特別の定がある場合、以上2つの場合がある。

職務専念義務が免除された期間の給与については、具体的には条例で定められているが、県費負担教職員の職務専念義務の免除の許可は、市町村教育委員会が行うことになる。

●職務専念義務が免除される場合

(1) 法律に特別の定がある場合

①適法な交渉（地方公務員法第55条第8項）、②承認研修（教育公務員特例法第22条第2項）、教育に関する兼職・兼業（教育公務員特例法第17条）、③休職・停職（地方公務員法第28条・第29条）、④育児休業期間・外国派遣期間等

(2) 条例に特別の定がある場合

①各地方公共団体が定める条例による休日・休暇、②厚生に関する計画に実施に参加する場合、③研修を受ける場合、④その他人事委員会規則で定める場合

●職務専念義務に関する判例の動向

事　項	内　容
札幌地裁判決 （昭46・5・10） 札幌高裁判決 （昭52・2・10）	教職員組合主催の教育研究集会への参加のため提出された職務専念義務免除申請に対する校長の不承認処分は、当該集会が多分に組合活動たる内容を含んでいるが故に、明白な違法があるとはいえない。
広島高裁判決 （昭51・4・19） 最高裁判決 （昭53・12・12）	生徒に学力テストに関する感想文を書かせ、三二篇を文集として編集印刷して組合支部の学テ反対集会において配布した一連の行為は、県教組の学テ反対闘争に資する目的に出た組合活動であるから、作文を書かせたこと及び文集を編集印刷したことは、いずれも勤務時日中の組合活動であり、職務専念義務違背の責任を免れない。

[関連する法令]

〈地方公務員法〉

第35条　職員は、法律又は条例に特別の定がある場合を除く外、その勤務時間及び職務上の注意力のすべてをその職責遂行のために用い、当該地方公共団体がなすべき責を有する職務にのみ従事しなければならない。

7 政治的行為の制限

教員の服務

公立学校の教育公務員の政治的行為の制限は、国家公務員法第102条で規定。人事院規則14－7（政治的行為）において、具体的禁止条項を例示。

◆ 教育公務員の政治的行為の制限

　地方公務員は全体の奉仕者であるため、政治的中立性を維持する観点から、一般職員については政治的行為が制限されている（地方公務員法第36条）。しかし、公立学校の教育公務員は、政治的行為の制限について、基本的には地方公務員法の規定に従うべきであるが、当分の間、国家公務員の例によるとされており（教育公務員特例法第18条）、一般地方公務員よりも政治的行為の制限に関して厳しい規定が適用されている。その反面、この規定は政治的行為の制限に違反した者の処罰に関して、国家公務員法第110条第1項の「3年以下の懲役又は100万円以下の罰金に処する」との規定は適用されないことになっている（教育公務員特例法第18条第2項）。

◆ 政治的行為の制限に関する規定

　教育基本法第14条第2項では、学校における政治教育や政治的活動は禁止されており、公立学校の教育公務員の政治的行為の制限は、国家公務員法第102条において規定されている。つまり、同法においては、①政党又は政治的目的のため、寄附金その他の利益を求め、若しくは受領し、又は何らかの方法を以てすることを問わず、これらの行為に関与し、あるいは選挙権の行使を除く外、人事院規則で定める政治的行為をすること、②公選による公職の候補者となること、③政党その他の政治的団体の役員、政治的顧問、その他これらと同様な役割をもつ構成員となること、以上のことが禁止されている。

◆ 政治的行為の禁止事項

　国家公務員法第102条を根拠として、人事院規則14－7（政治的行為）においては、公務員の政治的行為に関しての禁止条項が、右の表のように具体的に例示されている。

●人事院規則14-7（政治的行為）

① 政治的目的のために、職名、職権等の影響力を利用すること。
② 政治的目的のために、寄附金その他の利益を提供し又は提供せず、なんらかの行為をなし又はなさないことへの代償、報復として利益又は不利益を与え、与えようと企て又は与えようとおびやかすこと。
③ 政治的目的をもって、寄附金・会費等の金品を求めたり受領したりすること。
④ 政治的目的をもって、金品を国家公務員に支払うこと。
⑤ 政党その他の政治的団体の結成を企画し、結成に参与し、それらの団体の役員、政治的顧問、構成員となること。
⑥ 特定の政党や政治的団体の構成員となるように又はならないように勧誘運動をすること。
⑦ 政党その他の政治的団体の機関紙たる新聞等の刊行物を発行、編集、配布すること。
⑧ 政治的目的をもって、選挙、国民審査、解散・解職の投票において、勧誘運動をすること。
⑨ 政治的目的のために署名運動を企画、主宰、指導し、これに積極的に参与すること。
⑩ 政治的目的をもって、多数の人の行進や示威運動を企画、組織、指導したり、これに援助すること。
⑪ 集会等の多数の人に接し得る場所で、又は拡声器、ラジオ等の手段を利用して、公に政治的目的を有する意見を述べること。
⑫ 政治的目的を有する文書や図画を、国・行政執行法人の庁舎、施設等に掲示して、その庁舎、施設、資材、資金を利用すること。
⑬ 政治的目的を有する文書、図画、音盤、形象を発行、回覧、掲示、配布等すること。
⑭ 政治的目的を有する演劇を演出、主宰、援助すること。
⑮ 政治的目的をもって、政党や政治的団体の旗、腕章、記章、えり章、服飾等を製作・配布すること。
⑯ 政治的目的をもって、勤務時間中に腕章、記章等を着用すること。
⑰ いかなる名義・形式を問わず、これらの禁止・制限を免れる行為をすること。
(以上、条文は要約しています)

【 関連する法令 】

〈教育基本法〉
第14条
2　法律に定める学校は、特定の政党を支持し、又はこれに反対するための政治教育その他政治的活動をしてはならない。

〈教育公務員特例法〉
第18条　公立学校の教育公務員の政治的行為の制限については、当分の間、地方公務員法第36条の規定にかかわらず、国家公務員の例による。
2　前項の規定は、政治的行為の制限に違反した者の処罰につき国家公務員法（昭和22年法律第120号）第110条第1項の例による趣旨を含むものと解してはならない。

8 教員の服務

争議行為等の禁止

同盟罷業（ストライキ）、怠業（サボタージュ）等の禁止。
単なる争議行為等への参加は、刑事罰の対象ではないが懲戒処分の対象に。

◆ 争議行為等の禁止

憲法第28条では、勤労者の団結権、団体交渉権及び争議権のいわゆる労働三権が保障されている。しかし、地方公務員の場合、団結権（地方公務員法第52条）と団体交渉権（同法第55条）は認められているが、同盟罷業（ストライキ）、怠業（サボタージュ）、その他の争議行為を行ったり、地方公共団体の機関の活動能率を低下させたりする怠業的行為を行うことは禁止されている（同法第37条第1項）。

かつて最高裁は、一時期、労働基本権の一律全面禁止には、違憲の疑いがあるとして、地方公務員の争議行為の禁止規定に対して合憲限定解釈をした判決を出して大きな反響を呼んだ（最高裁判決：昭44・4・2都教組刑事事件）。しかし、その後最高裁は、再び判例を変更し、公務員の地位の特殊性と職務の公益性から、公務員の労働基本権に対して制限を加えることには、十分に合理的理由があるとした。そして、国民全体の共同利益の見地から一定の制約は免れないとして、公務員の争議行為等の禁止はやむを得ないとした（最高裁判決：昭48・4・25全農林警職法事件）。

◆ 争議行為禁止違反への制裁

違法な争議行為等の遂行を共謀し、そそのかし、若しくはあおり、又はこれらの行為を企てた者は、3年以下の懲役又は100万円以下の罰金に処せられる（地方公務員法第61条第4項）。ただし、単に争議行為や怠業行為に参加しただけだと刑事罰の対象とはならないが、懲戒処分の対象にはなりうる。また、争議行為等を行った者は、任命上又は雇用上の権利を主張することができなくなる（同法第37条第2項）。

●地方公務員の争議行為等の禁止に関する判例の動向

事　項	内　容
都教組刑事事件 (最高裁判決： 昭44・4・2)	地方公務員法第37条および第61条第4号が文字どおりにすべての地方公務員の一切の争議行為を禁止し、これらの争議行為の遂行を共謀し、そそのかし、あおる等の行為をすべて処罰する趣旨と解すべきものとすれば、それは公務員の労働基本権を保障した憲法の趣旨に反し必要やむをえない限度をこえて争議行為を禁止し、必要最小限度にとどめなければならないとしているものとしてこれらの規定は、いずれも違憲の疑を免れないであろう。
全農林警職法事件 (最高裁判決： 昭48・4・25)	憲法第28条の労働基本権の保障は公務員にも及ぶが、ただ、この労働基本権は、勤労者の経済的地位の向上のための手段として認められたものであつて、それ自体が目的とされる絶対的なものではないから、おのずから勤労者を含めた国民全体の共同利益の見地から制約を免れないことは、憲法第13条の趣旨からも疑いがない。

【　関連する法令　】

〈地方公務員法〉
第37条　職員は、地方公共団体の機関が代表する使用者としての住民に対して同盟罷業、怠業その他の争議行為をし、又は地方公共団体の機関の活動能率を低下させる怠業的行為をしてはならない。又、何人も、このような違法な行為を企て、又はその遂行を共謀し、そそのかし、若しくはあおつてはならない。

2　職員で前項の規定に違反する行為をしたものは、その行為の開始とともに、地方公共団体に対し、法令又は条例、地方公共団体の規則若しくは地方公共団体の機関の定める規程に基いて保有する任命上又は雇用上の権利をもつて対抗することができなくなるものとする。

第52条　この法律において「職員団体」とは、職員がその勤務条件の維持改善を図ることを目的として組織する団体又はその連合体をいう。

第55条　地方公共団体の当局は、登録を受けた職員団体から、職員の給与、勤務時間その他の勤務条件に関し、及びこれに附帯して、社交的又は厚生的活動を含む適法な活動に係る事項に関し、適法な交渉の申入れがあつた場合においては、その申入れに応ずべき地位に立つものとする。

教員の服務

兼職、他の事業等の従事

地方公務員の兼職・兼業は原則禁止だが、任命権者の許可で一部可能。
教育公務員は特例として、職務専念義務の免除を受けて兼職が可能。

◆ 兼職・兼業の原則禁止と例外規定

地方公務員は、私企業やその他の団体の役員等との地位を兼ねること、私企業を直接経営すること、または報酬を得て事業・事務に従事することは、原則禁止されている（地方公務員法第38条第1項）。このような規定は、勤務時間内だけではなく、勤務時間外において営利企業に従事する場合も職員に適用されるものと解されている（公務員課長回答：昭26・12・12・地自公発549）。

ただし、任命権者の許可を受ければ、兼職・兼業は可能になるが、地方公務員が他の一般職の職を兼ねるという兼職の場合は、給与を受けてはならないことになっている（地方公務員法第24条第3項）。また、兼職・兼業に関する任命権者（県費負担教職員の場合は、市町村教育委員会）の許可の基準は、人事委員会が定めることができるとされており（同法第38条第2項）、たとえ停職期間中であっても他の地方公共団体や私企業の事業若しくは事務に従事するという兼業は認められない（大阪地裁判決：平11・7・12）。

◆ 教育公務員の特例

教育公務員は、本務の遂行に支障がないと任命権者が認める場合、給与を受け、または受けないで、教育に関する兼職を行うことができる（教育公務員特例法第17条第1項）。その際、人事委員会が定める許可の基準によることを必要としない（同法第17条第2項）。つまり、一般の地方公務員とは異なり教育公務員は、教育に関する兼職について給与を受けることができ、職務専念義務の免除を受けて、他の教育に関する兼業を行うことができるという優遇措置がとられている。しかし、教育委員会の許可なくPTA等の学校関係団体から高校の補習等の報酬を受けていた事案が問題視され、2012（平成24）年5月には、都道府県教育委員会が初中局長通知（右表）を踏まえ指導を行っている。

●学校関係団体が実施する事業に係る兼職兼業等の取扱いについての留意事項

① PTA等の学校関係団体が生徒の進路実現を図るために実施する補習や特別の講座等の事業について、学校や個々の教職員が協力し、生徒の学習の充実を図ることができるが、その事業の内容や実施方法が、学校の本来の教育活動として行われるべきと考えられるものについて、教職員が報酬を得て事業に従事することは、その職務の信頼性や公正性を損ないかねないことから適当でないこと。

② ①で述べたもの以外の事業についても、兼職兼業等の対象となるものについては、地方公務員法第38条又は教育公務員特例法第17条の規定に従い、所要の手続きが適切に行われる必要があること。その際、事業の実施方法や報酬の多寡等の態様が、社会通念上妥当なものであるかどうかについて、適切に判断される必要があること。

出典：文部科学省「学校関係団体が実施する事業に係る兼職兼業等の取扱い及び学校における会計処理の適正化についての留意事項等について（通知）」（24文科初第187号・平成24年5月9日）より抜粋

[関連する法令]

〈地方公務員法〉
第38条 職員は、任命権者の許可を受けなければ、商業、工業又は金融業その他営利を目的とする私企業（以下この項及び次条第1項において「営利企業」という。）を営むことを目的とする会社その他の団体の役員その他人事委員会規則（人事委員会を置かない地方公共団体においては、地方公共団体の規則）で定める地位を兼ね、若しくは自ら営利企業を営み、又は報酬を得ていかなる事業若しくは事務にも従事してはならない。

〈教育公務員特例法〉
第17条 教育公務員は、教育に関する他の職を兼ね、又は教育に関する他の事業若しくは事務に従事することが本務の遂行に支障がないと任命権者（地方教育行政の組織及び運営に関する法律第37条第1項に規定する県費負担教職員については、市町村（特別区を含む。以下同じ。）の教育委員会。第23条第2項及び第24条第2項において同じ。）において認める場合には、給与を受け、又は受けないで、その職を兼ね、又はその事業若しくは事務に従事することができる。

教育職員検定と教員資格認定試験

研修・資格

上級・他教科免許状、特別・臨時免許状取得のための教育職員検定。
高等学校教員資格認定試験は休止だが、小学校は存続中。

◆ 教育職員検定

　教育職員検定は、教育職員としての実務経験があり、単位を軽減して上級免許状や隣接する学校種の免許状を取得する場合、または他教科等の免許状を取得する場合に利用する制度である。また、各分野の優れた知識経験や技能を持っている社会人を幅広く登用するために導入された特別免許状制度も、教育職員検定により、大学での養成教育を受けていない者に都道府県教育委員会が免許状を授与する制度であり、1988（昭和63）年の教育職員免許法の改正により制度化され、2016（平成28）年までに延べ1,101件の授与実績がある。このほか、臨時免許を取得する場合も、教育職員検定に合格する必要がある。

◆ 教員資格認定試験

　教員資格認定試験制度は、大学での教員養成が必ずしも十分でない分野において、広く一般社会から教育に熱意をもつ優れた人材を教育界に迎え入れることを目的として、教員免許制度の例外として1964（昭和39）年に創設された。当初は高等学校免許（柔道、剣道、計算実務）のみに限定されていたが、その後「インテリア」や「看護」等が追加され、随時拡充されてきた。1973（昭和48）年度からは小学校教員資格認定試験及び特殊教育教員資格認定試験（現在、特別支援学校教員資格認定試験）が導入され、2005（平成17）年度からは幼稚園教員資格認定試験が新設されるに至っている。

　一方、2002（平成14）年2月の中教審答申において、「今後の教員資格認定試験の在り方については、廃止することを含めその見直しを行うことが必要」であることが提言された。これにより高等学校教員資格認定試験は、2004（平成16）年度から当分の間休止となったが、小学校の認定試験は、2016（平成28）年度義務教育学校制度の導入で、存続される結果となっている。

●教育職員検定による各免許状の取得方法

上級免許状・隣接する学校種の免許状・特別支援学校教諭免許状を取得する場合	教育職員としての実務経験があり、単位を軽減して上級免許状や隣接する学校種（たとえば小学校であれば、幼稚園教諭や中学校教諭のこと）の免許状及び特別支援学校教諭免許状を取得する場合、大学等及び認定講習において教育職員免許法に定められた単位及び在職年数を満たし、教育職員検定に合格することが必要になる。（教育職員免許法別表第3他参照、ただし特別支援学校教諭免許状は別表第7・8参照）
他教科の中学校・高等学校の免許状を取得する場合	中学校・高等学校の教育職員免許状を有し、他教科の中学校・高等学校の教育職員免許状を取得する場合、大学等で教育職員免許法に定められた単位を修得し、教育職員検定に合格することが必要になる。（教育職員免許法別表第4参照）
特別免許状を取得する場合	学士の学位、担当する教科の専門的知識・技能、社会の信望、熱意と識見を持つ者に対し、その者を教員として任命又は雇用しようとする者（教育委員会、学校法人等）の推薦に基づき、学識経験者からの意見聴取を経て、教育職員検定により授与される。
臨時免許状を取得する場合	普通免許状を有する者を採用することができない場合に限り、欠格事由に該当しない者で教育職員検定に合格した者に授与する。ただし、その場合は、助教諭、養護助教諭となる。

【 関連する法令 】

〈教育職員免許法〉
第6条　教育職員検定は、受検者の人物、学力、実務及び身体について、授与権者が行う。
第16条の2　普通免許状は、第5条第1項の規定によるほか、普通免許状の種類に応じて文部科学大臣又は文部科学大臣が委嘱する大学の行なう試験（以下「教員資格認定試験」という。）に合格した者で同項各号に該当しないものに授与する。

2 研修・資格
教員免許状更新制度

終身有効であった教員免許状に、10年の有効期間を設定。
免許状の有効期間更新のために、30時間以上の免許状更新講習の受講義務。

◆ 教員免許状更新制度導入の経緯

　教員免許状更新制度は、2004（平成16）年10月文部科学大臣の「今後の教員養成・免許の在り方」に関する諮問に対して、2006（平成18）年7月の中教審の答申を基に、教員養成部会での議論が教育職員免許法の改正に反映されたものである。その結果、それまで終身有効であった教員免許状に、更新制導入後に授与されるものには有効期間を設定することとなり、2009（平成21）年4月から導入された。その目的は、教員が定期的に最新の知識技能を身につけ、自信と誇りをもって教壇に立ち、社会の尊敬と信頼を得ることにあり、不適格教員の排除を目的としたものではない。

◆ 免許状の有効期間の更新・延長

　教員免許更新制導入後（2009（平成21）年4月1日以降）に授与される新免許状には、10年間の有効期間が設定された。有効期間の更新は、都道府県教育委員会が行うこととし、①大学等が行う免許状更新講習を30時間以上受講・修了した者、②優秀教員表彰者や教員を指導する立場にあり、免許状更新講習の受講の必要がないと認めた者に、免許状の有効期間の更新が認められる。

　更新制導入前（2009（平成21）年3月31日まで）に授与された旧免許状については、更新制導入後も有効期間は設定されないが、現職教員については10年ごとの修了確認期限までに、30時間以上の免許状更新講習を受講・修了することが義務づけられている。ただし、災害その他やむを得ない事由があると認められる場合には、免許状の有効期間は延長できるとされている。

◆ 免許状の失効と取り上げ

　免許状を有する者が、右上の表のいずれかに該当した場合、免許状は失効する（教育職員免許法第10条第2項）。また、右下の表の事由により解雇・免職されたと認められるとき、免許状は取り上げられる（同法第11条）。

●免許状の失効事由（教育職員免許法第10条）

（1）以下の事由に該当するに至った者
　①成年被後見人又は被保佐人、②禁錮以上の刑に処せられた者
　③日本国憲法又はその下に成立した政府を暴力で破壊することを主張する政党その他の団体を結成し、又はこれに加入した者
（2）公立学校の教員であって懲戒免職の処分を受けた者
（3）公立学校の教員（条件附採用又は臨時的任用の者を除く）であって、次の事由に該当するとして分限免職の処分を受けた者
　①勤務実績が良くない場合、②その職に必要な適格性を欠く場合
（4）旧免許状所持現職教員（2009（平成21）年3月31日以前に授与）が、修了確認期限までに免許状更新講習修了確認を受けなかった場合

●免許状の取り上げ事由（教育職員免許法第11条）

①国立学校、公立大学法人が設置する公立学校又は私立学校の教員であって、公立学校教員の懲戒免職の事由に相当する事由により解雇されたと認められるとき
②国立学校、公立大学法人が設置する公立学校又は私立学校の教員であって、公立学校教員の分限免職の事由に相当する事由により解雇されたと認められるとき
③条件附採用又は臨時的任用の公立学校の教員であって、分限免職の事由に相当する事由により免職の処分を受けたと認められるとき
④免許状を有する者（教育職員以外の者に限る。）が、法令の規定に故意に違反し、又は教育職員たるにふさわしくない非行があって、その情状が重いと認められるとき

[関連する法令]

〈教育職員免許法〉
第9条　普通免許状は、その授与の日の翌日から起算して10年を経過する日の属する年度の末日まで、すべての都道府県において効力を有する。
2　特別免許状は、その授与の日の翌日から起算して10年を経過する日の属する年度の末日まで、その免許状を授与した授与権者の置かれる都道府県においてのみ効力を有する。
3　臨時免許状は、その免許状を授与したときから3年間、その免許状を授与した授与権者の置かれる都道府県においてのみ効力を有する。

3 研修・資格

法定研修

新規採用教員が採用後１年間、実践的指導力と使命感を養う初任者研修と、
１０年経験者研修を改めた中堅教諭等資質向上研修がある。

◆ 教育公務員特例法の一部改正

　大量退職・大量採用の影響で経験の浅い教員が増加する現状に鑑み、教育課程・授業方法の改革への対応を図る等、教員研修の新たな制度を構築していく必要性から、改正教育公務員特例法が2016（平成28）年11月に公布された。

　今回の改正では、公立の小学校等の教諭等の任命権者に、教員としての資質の向上に関する指標、及びそれを踏まえた教員研修計画の策定を義務づけた。

◆ 初任者研修

　新規採用教員に対して採用の日から１年間、実践的指導力と使命感を養うとともに幅広い知見を得させるため、任命権者である都道府県教育委員会等（都道府県、指定都市、中核市の教育委員会）に対して、学級や教科・科目を担当しながらの実践的研修である初任者研修を、学校の内外で行うことが義務づけられている（教育公務員特例法第23条）。

　初任者研修に際して任命権者は、初任者の所属する学校の副校長、教頭、主幹教諭、指導教諭、教諭または講師等のうちから指導教員を命じ（同法第23条第２項）、教員に必要な素養等に関する指導、初任者の授業を観察しての指導及び授業を初任者に見せての指導等を含む校内研修と、教育センター等での講義・演習、企業・福祉施設等での体験、社会奉仕体験や自然体験に関わる研修、青少年教育施設等での宿泊研修等の校外研修を実施しなければならない。

◆ 中堅教諭等資質向上研修

　在職期間が10年程度に達した教員を対象にした従来の10年経験者研修は、教育に関し相当の経験を有し、教育活動その他の学校運営の円滑かつ効果的な実施において中核的な役割を果たすことが期待される中堅教諭等としての資質の向上を図るための法定研修として中堅教諭等資質向上研修に改められ、その実施時期の弾力化が図られることになった（教育公務員特例法第24条）。

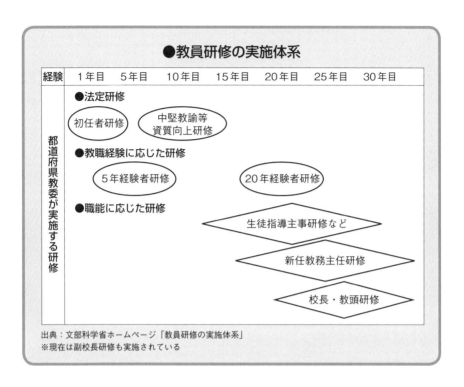

出典:文部科学省ホームページ「教員研修の実施体系」
※現在は副校長研修も実施されている

[関連する法令]

〈教育公務員特例法〉
第23条 公立の小学校等の教諭等の任命権者は、当該教諭等(臨時的に任用された者その他の政令で定める者を除く。)に対して、その採用(現に教諭等の職以外の職に任命されている者を教諭等の職に任命する場合を含む。附則第5条第1項において同じ。)の日から1年間の教諭又は保育教諭の職務の遂行に必要な事項に関する実践的な研修(以下「初任者研修」という。)を実施しなければならない。
2 任命権者は、初任者研修を受ける者(次項において「初任者」という。)の所属する学校の副校長、教頭、主幹教諭(養護又は栄養の指導及び管理をつかさどる主幹教諭を除く。)、指導教諭、教諭、主幹保育教諭、指導保育教諭、保育教諭又は講師のうちから、指導教員を命じるものとする。
第24条 公立の小学校等の教諭等(臨時的に任用された者その他の政令で定める者を除く。以下この項において同じ。)の任命権者は、当該教諭等に対して、個々の能力、適性等に応じて、公立の小学校等における教育に関し相当の経験を有し、その教育活動その他の学校運営の円滑かつ効果的な実施において中核的な役割を果たすことが期待される中堅教諭等としての職務を遂行する上で必要とされる資質の向上を図るために必要な事項に関する研修(以下「中堅教諭等資質向上研修」という。)を実施しなければならない。
2 任命権者は、中堅教諭等資質向上研修を実施するに当たり、中堅教諭等資質向上研修を受ける者の能力、適性等について評価を行い、その結果に基づき、当該者ごとに中堅教諭等資質向上研修に関する計画書を作成しなければならない。

4 研修・資格

研修と校長の裁量権

教員としての崇高な使命を全うするため、絶えず研究と修養に励む義務。
「自宅研修」から、校長が適切に判断して承認する「承認研修」へ。

◆ **研修の義務**

　一般の地方公務員の場合、勤務能率の発揮及び増進のために、研修を受ける機会が与えられなければならないと規定されているのに対し（地方公務員法第39条第1項）、学校の教員は、自己の崇高な使命を深く自覚し、絶えず研究と修養に励み、その職責の遂行に努めなければならない（教育基本法第9条第1項）。また、教育公務員には、研修を受ける機会が与えられなければならないと規定されている（教育公務員特例法第22条第1項）。

　つまり、教育公務員には、その崇高な使命を全うするために、継続的・恒常的な研究と修養の必要性という職務倫理的義務が明示されている。そして、教員は、授業に支障のない限り、本属長の承認を受けて、勤務場所を離れて研修を行うことができ（教育公務員特例法第22条第2項）、また、任命権者の定めるところにより、現職のままで、長期にわたる研修を受けることができるとして（同法第22条第3項）、研修に関する権利性も同時に明示されている。

◆ **夏季休業中の承認研修と校長の裁量権**

　教員研修は、職務として行う職務研修、職務専念義務を免除されて行う職専免研修及び自らの意思で行う自主研修の3つに分類することができる。

　従来、夏季休業中の職専免研修であるはずの「自宅研修」は、教員自身が自由に行うことができる自主研修と受け取られる向きもあった。しかし、完全学校週5日制の実施に伴い、2002（平成14）年7月4日文部科学省は「夏季休業期間等における公立学校の教育職員の勤務管理について」という通知を出し、職専免研修の承認に際しての校長の裁量権に関する判断基準を示した。

　その結果、夏季休業中等の「自宅研修」は、あくまでも校長の承認が必要であるという意味の「承認研修」へと名称が見直され、校長が適切に判断して承認を行うことで、勤務管理の適正を徹底することになった。

●職専免研修に関する文部科学省通知の抜粋

①職専免研修は、職務に専念する義務の特例として設けられているものであるが、当然のことながら、教員に「権利」を付与するものではなく、職専免研修を承認するか否かは、所属長たる校長が、その権限と責任において、適切に判断して行うものであること。

②職専免研修の承認を行うに当たっては、当然のことながら、自宅での休養や自己の用務等の研修の実態を伴わないものはもとより、職務と全く関係のないようなものや職務への反映が認められないもの等、その内容・実施態様からして不適当と考えられるものについて承認を与えることは適当ではないこと。

③また、職専免研修を特に自宅で行う場合には、保護者や地域住民等の誤解を招くことのないよう、研修内容の把握・確認を徹底することはもとより、自宅で研修を行う必要性の有無等について適正に判断すること。

④このため、事前の研修計画書及び研修後の報告書の提出等により研修内容の把握・確認の徹底に努めること。なお、計画書や報告書の様式等については、保護者や地域住民等の理解を十分得られるものとなるよう努めること。

出典：文部科学省「夏季休業期間等における公立学校の教育職員の勤務管理について（通知）」（14初初企第14号・平成14年7月4日）

[関連する法令]

〈教育基本法〉
第9条 法律に定める学校の教員は、自己の崇高な使命を深く自覚し、絶えず研究と修養に励み、その職責の遂行に努めなければならない。
〈地方公務員法〉
第39条 職員には、その勤務能率の発揮及び増進のために、研修を受ける機会が与えられなければならない。
〈教育公務員特例法〉
第21条 教育公務員は、その職責を遂行するために、絶えず研究と修養に努めなければならない。
2 教育公務員の任命権者は、教育公務員（公立の小学校等の校長及び教員（臨時的に任用された者その他の政令で定める者を除く。以下この章において同じ。）を除く。）の研修について、それに要する施設、研修を奨励するための方途その他研修に関する計画を樹立し、その実施に努めなければならない。
第22条 教育公務員には、研修を受ける機会が与えられなければならない。
2 教員は、授業に支障のない限り、本属長の承認を受けて、勤務場所を離れて研修を行うことができる。
3 教育公務員は、任命権者の定めるところにより、現職のままで、長期にわたる研修を受けることができる。

5 指導改善研修と指導力不足教員の認定

研修・資格

指導が不適切な教員の人事管理の厳格化に伴い、人事管理システムを導入。
指導力不足教員の認定にあたり、文部科学省はガイドラインを策定。

◆ 指導力不足教員に対する人事管理システム導入の経緯

2000（平成12）年12月の教育改革国民会議の提言、及び教育基本法の改正を受け、2007（平成19）年3月の中教審答申では、指導が不適切な教員の人事管理の厳格化に関する提言がなされた。この提言を受け、2007年6月に教育職員免許法及び教育公務員特例法の一部を改正する法律が制定され、指導が不適切な教員に対する人事管理システム（右図参照）が確立されることになり、2008（平成20）年4月1日から施行された。その結果、教育委員会には、児童等への「指導が不適切である」と認定した教諭等に対して、指導改善研修を実施することが義務づけられることになった（教育公務員特例法第25条）。

◆ 指導力不足教員の認定

指導力不足教員とは、知識・技術・指導方法その他教員として求められる資質・能力に課題があるため、日常的に児童等への指導を行わせることが適当ではない教諭等のなかで、研修によって指導の改善が見込まれる者のうち、直ちに分限処分等の対象にはならない者である。指導力不足教員の認定に当たっては、公正かつ適正に人事管理システムが運用されるよう、2008（平成20）年2月8日に文部科学省がガイドラインを示している。

◆ 指導改善研修

指導改善研修の実施に当たって、その期間は1年を超えてはならず、とくに必要があると認められる場合、2年まで延長できる（教育公務員特例法第25条第2項）。そして、任命権者である教育委員会は、指導改善研修を受ける者の能力・適性等に応じて個別に計画書を作成しなければならない（同法第25条第3項）。また、指導改善研修終了時には、「指導の改善の程度に関する認定」を行う必要がある（同法第25条第4項）。

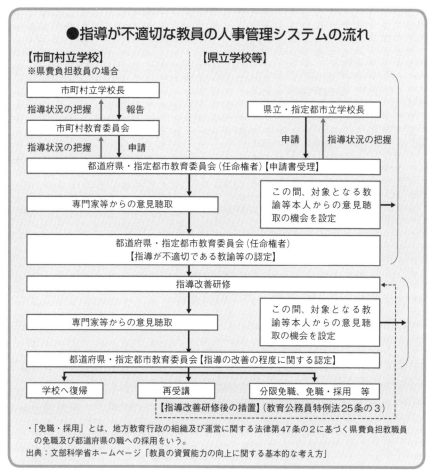

[**関連する法令**]

〈教育公務員特例法〉
第25条　公立の小学校等の教諭等の任命権者は、児童、生徒又は幼児（以下「児童等」という。）に対する指導が不適切であると認定した教諭等に対して、その能力、適性等に応じて、当該指導の改善を図るために必要な事項に関する研修（以下「指導改善研修」という。）を実施しなければならない。
2　指導改善研修の期間は、1年を超えてはならない。ただし、特に必要があると認めるときは、任命権者は、指導改善研修を開始した日から引き続き2年を超えない範囲内で、これを延長することができる。
3　任命権者は、指導改善研修を実施するに当たり、指導改善研修を受ける者の能力、適性等に応じて、その者ごとに指導改善研修に関する計画書を作成しなければならない。
4　任命権者は、指導改善研修の終了時において、指導改善研修を受けた者の児童等に対する指導の改善の程度に関する認定を行わなければならない。

6 研修・資格
大学院修学休業

教育公務員が一定の要件のもと、国内及び海外の大学院に在学して、その課程を履修するため休業する制度。

◆ 大学院修学休業制度の概要

　大学院修学休業制度は、教員の自主性に基づいて長期の研修を推進するため、教育公務員特例法の改正により、2001（平成13）年4月から開始された。この制度は、公立学校の教員が、その身分を保有したまま一定期間休業し、国内及び海外の大学院等の課程で修学することを可能にするものである。そして、休業期間は、地方公務員としての身分を保有するが職務には従事せず、その期間給与は支給されない（教育公務員特例法第27条第2項）。

◆ 大学院修学休業の要件、許可の失効等

　公立学校の主幹教諭、指導教諭、教諭、養護教諭、栄養教諭、講師は、任命権者の許可を受けて、大学（短期大学を除く。）の大学院の課程、専攻科の課程、もしくはこれらの課程に相当する外国の大学の課程に、3年を超えない範囲内で、年を単位として定める期間、大学院修学のための休業をすることができる。

　その際、対象者としては、①専修免許状の取得が目的である、②基礎となる免許状を有している、③教育職員免許法に定める最低在職年数を満たしている、④条件付採用期間中の者ではない、臨時的任用者ではない、初任者研修の受講者ではない、その他政令で定める者ではない、以上4つの要件すべてに該当する教員である必要がある。また、休業許可は、休職や停職の処分を受けた場合、その効力を失い、大学院の課程等を退学、またはその他政令で定める事由に該当する場合、任命権者は休業許可を取り消す。

◆ 大学院修学休業制度の活用状況

　制度の活用状況としては、2016（平成28）年4月1日現在、休業者数189人、そのうち大学院修学休業数は80人、海外の大学の在学者は31人である。右のグラフは、2002（平成14）年4月から2016（平成28）年4月までの各教育段階別、及び全体の休業者数の推移を表している。

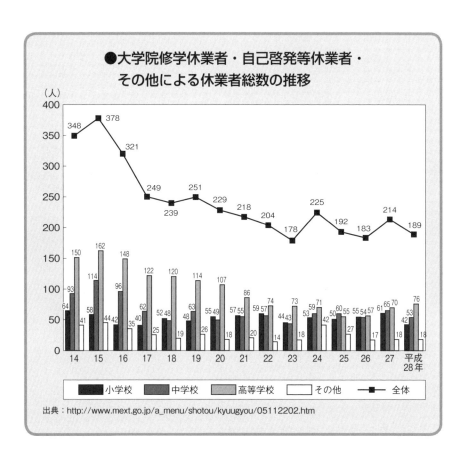

[関連する法令]

〈教育公務員特例法〉
第26条 公立の小学校等の主幹教諭、指導教諭、教諭、養護教諭、栄養教諭、主幹保育教諭、指導保育教諭、保育教諭又は講師で、次の各号のいずれにも該当するものは、任命権者の許可を受けて、3年を超えない範囲内で年を単位として定める期間、大学（短期大学を除く。）の大学院の課程若しくは専攻科の課程又はこれらの課程に相当する外国の大学の課程に在学してその課程を履修するための休業をすることができる。（一～四は略）
2 大学院修学休業の許可を受けようとする主幹教諭等は、取得しようとする専修免許状の種類、在学しようとする大学院の課程等及び大学院修学休業をしようとする期間を明らかにして、任命権者に対し、その許可を申請するものとする。
第27条 大学院修学休業をしている主幹教諭等は、地方公務員としての身分を保有するが、職務に従事しない。
2 大学院修学休業をしている期間については、給与を支給しない。

1 勤務条件

勤務条件は、労働基準法を最低基準として、各都道府県の条例などに細かに規定。職員団体を通じての交渉が可能。

◆ 勤務条件の定義

　勤務条件とは、民間の労働者の労働条件を定める労働基準法に規定する「労働条件」に相当するものである。勤務条件には、賃金、勤務時間、休憩、休日及び年次休暇、安全及び衛生、災害補償などが含まれる。民間の労働者の労働条件と同様に、公務員の勤務条件についても「人たるに値する生活を営むための必要を充たす」（労働基準法第1条）ことが求められる。

◆ 勤務条件の適用法規

　地方公務員の勤務条件については、条例で定めることとされている（地方公務員法第24条第5項）。そのため地方公務員としての身分を有する公立学校の教職員の勤務条件は、都道府県の定める条例において規定される。他方、私立学校の教職員は、学校法人と労働契約を締結することになり、その労働条件については他の民間の労働者と同様に労働基準法の適用下に置かれる。しかし、労働時間管理などは公立学校の教職員に準じて、その処遇が定められている。

◆ 勤務条件についての交渉

　公立の学校の教職員は、勤務条件に関する事項について、職員団体（勤務条件の維持改善を図ることを目的として組織する団体またはその連合体）（地方公務員法第52条第1項）を組織して、交渉事項を管轄する当局（校長の権限とされる事項については校長）に対して申し入れをすることが認められている。しかし、職員団体は、労働組合と異なり、憲法が保障する労働基本権（団結権、団体交渉権、団体行動権）に制限が設けられ、とりわけ団体行動権について規制を受けている。

　私立学校の教職員は、公立学校の教職員に準じながら、雇用者である学校法人に個別に聞きあるいは組織的に労使交渉を行うことができる。

●勤務条件の規定

勤務条件
- ○賃金
- ○勤務時間・休憩時間
- ○休日および休暇
- ○安全・衛生
- ○災害補償

＝労働基準法に準拠

> 私立学校の教職員の「労働条件」は労働基準法に準拠した雇用契約に規定

詳細については、都道府県の条例に規定

改善すべき点について、職員団体を通じて、申し入れすることが可能。

- ○交渉事項を管轄する当局（校長の権限とされる事項については校長）
- ○私立学校教員の場合には、雇用主（学校法人）

[関連する法令]

〈労働基準法〉
第1条　労働条件は、労働者が人たるに値する生活を営むための必要を充たすべきものでなければならない。
②　この法律で定める労働条件の基準は、最低のものであるから、労働関係の当事者は、この基準を理由として労働条件を低下させてはならないことはもとより、その向上を図るように努めなければならない。

〈地方公務員法〉
第24条
4　職員の勤務時間その他職員の給与以外の勤務条件を定めるに当つては、国及び他の地方公共団体の職員との間に権衡を失しないように適当な考慮が払われなければならない。
5　職員の給与、勤務時間その他の勤務条件は、条例で定める。

2 勤務時間の割り振り

勤務条件

勤務日以外に勤務を命じる場合には代休が必要。勤務時間の割り振りは、校長が専決事項として行う例が多い。

◆ 勤務時間

　勤務時間とは、公務員（一般職）が「地方公共団体がなすべき責を有する職務」に従事しなければならない時間を指す（地方公務員法第35条）。労働基準法に定められる「労働時間」に相当する。労働基準法を踏まえ、他の法律や条例によって、勤務時間は規定される。具体的には、国家公務員の勤務時間については、「一般職の職員の勤務時間、休暇等に関する法律」により定められる。地方公務員の勤務時間については、同法に準じるものとされ、条例において詳細に規定されている。

◆ 勤務日と週休日

　勤務日を特定し、勤務時間数や勤務終始時刻の決定、休憩時間などの配置を行うことを勤務時間の割り振りという。教職員の正規の勤務時間は、都道府県の条例において、1週間について38時間45分と定められている。1週間のうち日曜日と土曜日は週休日（勤務時間を割り振らない日）とされるため、月曜日から金曜日までの5日間を勤務日とし、1日につき7時間45分の正規の勤務時間を割り振るものとする。近年、土曜日等に勤務時間を割り振る例もある。

　ただし、育児による短時間勤務を認められた者（育児短時間勤務職員等）や再任用によって短時間勤務の職に就く職員（再任用短時間勤務職員）は、1日について7時間45分を超えない範囲内で正規の勤務時間の割り振りが行われる。

◆ 割り振りの主体

　勤務時間の割り振りは、原則として服務の監督者である教育委員会がこれを実施する。しかし、多くは各学校の地域的実情、年間教育計画などを考慮し、規則や訓令などに基づき、あるいは専決事項として、校長がこれを行っている。

●勤務時間の割り振りの規定

服務の監督者（教育委員会）が実施。
多くは、校長が専決事項として実施。

勤務時間　1週間 38時間45分　→　勤務日 月曜日～金曜日　1日　7時間45分

週休日には振り分けしない。振り分けた場合には、<u>代休</u>が必要。

●勤務時間の割り振りの例

① 勤務日の特定
② 勤務日における勤務すべき時間の特定
③ 勤務日における勤務終始時間の決定
④ 勤務日における休憩時間の配置

[関連する法令]

〈労働基準法〉
第32条　使用者は、労働者に、休憩時間を除き1週間について40時間を超えて、労働させてはならない。
② 使用者は、1週間の各日については、労働者に、休憩時間を除き1日について8時間を超えて、労働させてはならない。

〈一般職の職員の勤務時間、休暇等に関する法律〉
第5条　職員の勤務時間は、休憩時間を除き、1週間当たり38時間45分とする。
第6条　日曜日及び土曜日は、週休日（勤務時間を割り振らない日をいう。以下同じ。）とする。〔ただし書略〕
2　各省各庁の長は、月曜日から金曜日までの5日間において、1日につき7時間45分の勤務時間を割り振るものとする。〔ただし書略〕

3 教員の時間外勤務

勤務条件

教職員の時間外勤務が状態化。その是正のために教職調整額の見直しを含めた給与制度の在り方などについて議論が起こる。

◆ 勤務時間の超過４項目

　教職員には、正規の勤務時間を超えた勤務に応じた時間外勤務手当および休日勤務手当は支給されず、教職調整額（全員一律に給与に４％の定率を乗じた額）が支給されている。このことは、法律上、教職員の時間外勤務は命じられないことを示す。しかし、その例外として、以下の４項目について、時間外勤務を命じることができる（公立の義務教育諸学校等の教育職員を正規の勤務時間を超えて勤務させる場合等の基準を定める政令）。すなわち、①校外実習その他生徒の実習に関する業務、②修学旅行その他学校の行事に関する業務、③職員会議に関する業務、④非常災害の場合、児童または生徒の指導に関し緊急の措置を必要とする場合その他やむを得ない場合に必要な業務である。

　現実には上記の命令に基づかずに教職員が時間外勤務に従事している場合が常態化し、近年、当該業務に関する教育委員会や管理者の責任（安全配慮義務など）を争点とする訴訟が提起されている。

◆教職調整額の見直し

　上述の教職調整額は、1966（昭和41）年に行われた「教員の勤務状況調査」から判明した残業時間を基に算出されたものである。しかし、その根拠とされる残業時間は現在の勤務実態と乖離していることがさまざまな調査により指摘されている。また、教職調整額を一律に支給する従来までの給与制度では、管理職が教職員の時間外勤務の状況やその時間数を把握し適正な配慮をするなどの必要に迫られることも少なく、労務管理上の問題が生じる点も指摘されている。以上のような点から、学校の実態を踏まえて業務の効率化を図るとともに、教員一人ひとりの能力や実績を評価して「メリハリある給与体系」を構築していくべきとの議論がある（「学校の組織運営の在り方を踏まえた教職調整額の見直し等に関する検討会議（審議のまとめ）」2008（平成20）年９月８日）。

●教員の時間外勤務に関する規定

見直しに関する議論（論点）

・教員の自発性や創造性に基づく勤務と給与のあり方。
・管理職が適切に勤務時間を管理する体制の整備。
・部活指導について学校教育のなかでどのように扱うか。
・持ち帰り業務をなくすためどうするか。
・学校業務の効率化をどう図るか。

教職調整額　教職員に対して、全員一律に給与に4％の定率を乗じた額の給与を支給。教職員に時間外勤務手当および休日勤務手当は支給されない。

＝

時間外勤務を命じることは原則としてできない。

例外＝（超勤4項目）
① 校外実習その他生徒の実習に関する業務
② 修学旅行その他学校の行事に関する業務
③ 職員会議に関する業務
④ 非常災害の場合、児童又は生徒の指導に関する緊急の措置を必要とする場合その他やむを得ない場合に必要な業務

公立学校教員の時間外勤務に関する国家賠償請求事件の例
（最高裁判決：平23・7・12）
市立小学校又は中学校の教諭らが勤務時間外に職務に関連する事務などに従事していたが、その上司である各校長が強制的に時間外勤務を命じていないこと、教諭らが職務の性質や状況に応じて自主的に時間外勤務をしていたこと、また具体的な健康被害などが生じていないことなどの事情から、各校長に教諭らの心身の健康を損なうことがないよう注意すべき義務に違反した過失があるとは言えないとされた。

[関連する法令]

〈公立の義務教育諸学校等の教育職員を正規の勤務時間を超えて勤務させる場合等の基準を定める政令〉
公立の義務教育諸学校等の教育職員の給与等に関する特別措置法（以下「法」という。）第6条第1項（同条第3項において準用する場合を含む。）の政令で定める基準は、次のとおりとする。
　一　教育職員（略）については、正規の勤務時間の割振りを適正に行い、原則として時間外勤務（正規の勤務時間を超えて勤務することをいい、同条第3項各号に掲げる日において正規の勤務時間中に勤務することを含む。＝略＝）を命じないものとすること。

4 教員の服務の管理

勤務条件

　管下にある職員の服務の監督は、任命権者が兼ねるのが基本。県費負担教職員については、服務の監督者である市町村教育委員会が実施。

◆ 服務の定義
　服務とは、職務に従事することであり、またその際のあり方を含む概念である。地方公務員としての身分を有する公立学校の教員は、基本的に地方公務員法の適用下に置かれ、「全体の奉仕者」として国民すべての公共の利益のために勤務することが求められる。公立学校の教員は、条例の定めるところにより、服務の宣誓をしなければならず、「職務上の義務」及び「身分上の義務」を果たすことが求められる。

◆ 県費負担教職員の服務の監督者
　管下にある職員の服務の監督者は、任命権者が兼ねるのが基本である。しかしながら、市町村立学校の教職員（県費負担教職員）については、本来的に市町村の職員であるとの理解から、その服務の監督は、任命権者である都道府県教育委員会ではなく、市町村教育委員会が行う（地方教育行政の組織及び運営に関する法律第43条第1項）。県費負担教職員は、その職務を遂行するにあたり、服務の監督者である市町村教育委員会の定める規則や規程、当該市町村教育委員会が置かれる市町村の条例及び規則に従わなければならない（同条第2項）。都道府県教育委員会は、市町村教育委員会の服務の監督に対して条例などの制定により技術的な基準を設けることができるとされる（同条第4項）。また校長は、「所属職員を監督する」（学校教育法第37条第4項）立場にあり、その所属職員に対して職務上の上司であると解されるため、教育委員会に属する服務の監督を分任して行うことができる。

◆ 服務の監督の内容
　たとえば東京都立学校職員服務規程では、「執務上の心得」のほか、出張や欠勤の際の各種届出など、日々の勤務に関連することが監督の対象となっていることがわかる。

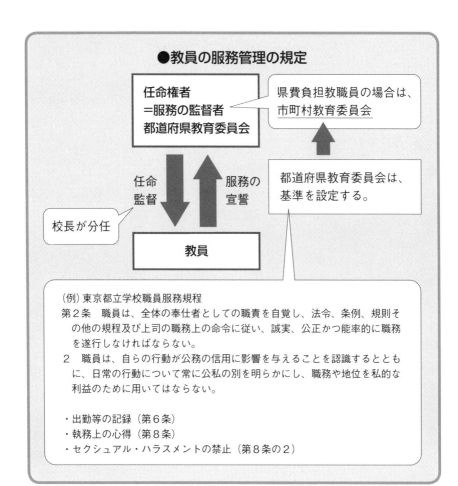

[関連する法令]

〈地方教育行政の組織及び運営に関する法律〉
第43条　市町村委員会は、県費負担教職員の服務を監督する。
2　県費負担教職員は、その職務を遂行するに当つて、法令、当該市町村の条例及び規則並びに当該市町村委員会の定める教育委員会規則及び規程（前条又は次項の規定によって都道府県が制定する条例を含む。）に従い、かつ、市町村委員会その他職務上の上司の職務上の命令に忠実に従わなければならない。

〈学校教育法〉
第37条
④　校長は、校務をつかさどり、所属職員を監督する。

第2章　教員の職務に関すること　125

5 人事評価

勤務条件

勤務成績の評定から、人事評価へ。服務の監督者、学校管理職は「評価者」としての能力の向上を図る必要あり。

◆ 勤務成績の評定から人事評価へ

　2014（平成26）年5月、地方公務員法が改正され、平成28（2016）年4月に施行された。この改正に伴い、新たに第23条の2が設けられ、「職員の執務については、その任命権者は、定期的に人事評価を行わなければならない」（同条第1項）こと、「人事評価の基準及び方法に関する事項その他人事評価に関し必要な事項は、任命権者が定める」（同条第2項）ことが規定された。

　文部科学省の調査によれば、2017（平成29）年4月現在、都道府県および政令指定都市の67の教育委員会で教員評価制度を導入している。さらに昇給・降給に反映させる県市が42、免職・降任に活用する県市が21あるなど、人事評価を活用した人事管理が浸透しており、同法の改正により、その動向はいっそう促進されることが予想される。教育委員会や学校管理職は評価者としての能力向上が必要となる。

◆ 人事評価とは

　人事評価制度の目的は教職員の資質・能力や勤務意欲の向上にある。教職員は職務遂行や自らの向上のために目標を設定し、その達成状況を自己評価する。その自己評価を基に校長や教頭などが面談を行う。これらの評価結果は、校内人事や人事配置、給与を含めた人事面での処遇、研修などに活かされる。具体的な処遇に結びつく制度であるため、評価項目を具体的かつ客観的にし、評価する側の評価能力の向上を不断に図る必要がある。また同時に評価結果に対する疑問や不満の解消を目的とした制度の整備や実効性を高めることも求められる。

● (事例) 東京都区市町村立学校教員の人事考課プロセス

  自己申告　　　　 業績申告

●担当職務の目標と成果
　・学習指導
　・生徒指導・生活指導
　・学校運営
　・特別活動、その他
●研究・研修

↓

今年度の目標、成果や課題等を自己評価。

●自己申告と同じ職務分類を、能力、情意（意欲、態度）、実績について評価。評価基準は都教育長が定める。

↓

●絶対評価：教員の職能開発に利用。校長（第一次評価者）が実施。
●相対評価：昇級などに活用。市区町村教育委員会教育長（最終評価者）が実施。

2つの柱を基に、目標設定→自己評価→校長・教頭の指導や助言→次年度の目標設定というサイクルにより、継続的に資質・能力の開発へ。

出典：東京都区市町村立学校教育職員の人事考課に関する規則より作成

[関連する法令]

〈地方公務員法〉
第23条　職員の人事評価は、公正に行われなければならない。
2　任命権者は、人事評価を任用、給与、分限その他の人事管理の基礎として活用するものとする。
第23条の2　職員の執務については、その任命権者は、定期的に人事評価を行わなければならない。
2　人事評価の基準及び方法に関する事項その他人事評価に関し必要な事項は、任命権者が定める。

6 分限と懲戒

勤務条件

> 分限は、公務能率の維持や職員の身分保障の見地から実施。
> 懲戒は、職員の一定の義務違反ないし違法行為に対する制裁として実施。

◆ 分限処分

　分限とは、身分の喪失や変動など、身分上の変化をいう。公務能率の維持や職員の身分保障の見地から行われる処分が、分限処分である。分限処分には、免職（職員の身分を失わせ離職させる）、休職（職を保有させたまま一定期間職務に従事させない）、降任（下位の職に任命する）、降給（給与を低い額に決定する）の4種類がある。

　このうち、免職と降任の理由については、①勤務実績が悪い場合、②心身の故障のため、職務遂行に支障があり、またはこれに堪えない場合、③その職に必要な適格性を欠く場合、④職制もしくは定数の改廃または予算の減少により廃職または過員を生じた場合とされている（地方公務員法第28条第1項）。休職の理由は、①心身の故障のため、長期の休養を要する場合（病気休職）、②刑事事件に関して起訴された場合（起訴休職）の2つがある（同条第2項）。

◆ 懲戒処分

　懲戒処分は、職員の一定の義務違反ないしは違法行為に対する道義的責任を問い、公務遂行の規律と秩序を維持することを目的に、一種の制裁として科される処分をいう。懲戒処分には、①免職（職員としての地位を失わせて退職させる）、②停職（一定の期間職務に従事させず、給与を支給しない）、③減給（一定期間の給与の一定額を減ずる）、④戒告（職責を確認しその将来を戒める）、以上の4種類がある。懲戒免職は、分限免職と異なり、退職金などが支払われない。

　任命権者が懲戒処分を行うことができるのは、①地方公務員法や条例、地方公共団体の規則や機関の定める規定に違反した場合、②職務上の義務に違反し、または職務を怠った場合、③全体の奉仕者たるにふさわしくない非行のあった場合とされている（地方公務員法第29条）。

●分限と懲戒の一覧

分限
＝公務能率の維持などの観点から実施。道義的責任を問わない。

①心身の故障のため、長期の休養を要する場合（病気休職）
②刑事事件に関して起訴された場合（起訴休職）

○免職（職員の身分を失わせ離職させる）
○休職（職を保有させたまま一定期間職務に従事させない）
○降任（下位の職に任命する）
○降給（給与を低い額に設定する）

懲戒
＝職員の義務違反・非行行為に対する制裁。道義的責任を問う。

○免職（職員の身分を失わせ退職させる）
○停職（一定期間職務に従事させず、給与を支給しない）
○減給（一定期間の給与の一定額を減ずる）
○戒告（職責を確認し、その将来を戒める）

[関連する法令]

〈地方公務員法〉
第28条　職員が、次の各号に掲げる場合のいずれかに該当するときは、その意に反して、これを降任し、又は免職することができる。
　一　人事評価又は勤務の状況を示す事実に照らして、勤務実績がよくない場合
　二　心身の故障のため、職務の遂行に支障があり、又はこれに堪えない場合
　三（略）その職に必要な適格性を欠く場合
　四　職制若しくは定数の改廃又は予算の減少により廃職又は過員を生じた場合
第29条　職員が次の各号の一に該当する場合においては、これに対し懲戒処分として戒告、減給、停職又は免職の処分をすることができる。
　一　この法律若しくは第57条に規定する特例を定めた法律又はこれに基く条例、地方公共団体の規則若しくは地方公共団体の機関の定める規程に違反した場合
　二　職務上の義務に違反し、又は職務を怠つた場合
　三　全体の奉仕者たるにふさわしくない非行のあつた場合

7 市町村立学校の教職員人事

勤務条件

県費負担教職員の人事の際には、校長の申し出、市町村教育委員会の内申を待つ必要がある。市町村への人事権委譲については今後の改革動向に留意。

◆ 市町村立学校の教職員の任命

　教育委員会は、所管する学校の教職員について、教育長の推薦により任命を行う（地方教育行政の組織及び運営に関する法律第34条）。しかし、市（特別区を含む、以下同）町村立学校の教員（以下、県費負担教職員）の任命権は、指定都市を除き、都道府県教育委員会が有する。

◆ 校長による意見の申し出および市町村教育委員会の内申

　県費負担教職員の人事は都道府県教育委員会が権限を有する。しかしながら、まず、校長が「所属の県費負担教職員の任免その他の進退に関する意見」（同法第39条）を市町村教育委員会に申し出、市町村の教育長による委員会への助言を経て、市町村教育委員会が都道府県教育委員会に内申を行う（同法第38条）ことを待って実施されなければならないとされる。このような規定の背景には、校長の人事権拡大および分権改革がある。

◆ 県費負担教職員の人事権の委譲

　第2期教育振興基本計画（2013（平成25）年6月14日閣議決定）の「基本施策23　現場重視の学校運営・地方教育行政の改革」において、「県費負担教職員の人事権の移譲について、条例により都道府県の事務を市町村が行うことができる事務処理特例制度を活用した取組の状況も踏まえ、小規模市町村を含めた地方公共団体等の関係者の理解を得つつ、引き続き検討する」（主な取組23－1）ことが盛り込まれている。事務処理特例制度とは、都道府県知事の権限に属する事務の一部を、都道府県の条例で定めるところにより、市町村が処理することを可能とする制度（地方自治法第252条の17の2）である。教育の地域間格差が生じることがないように配慮しながら、コミュニティ・スクール（地域運営学校）の実践など、地域づくりと一体となった教職員人事のあり方が今後とも重要な課題となっている。

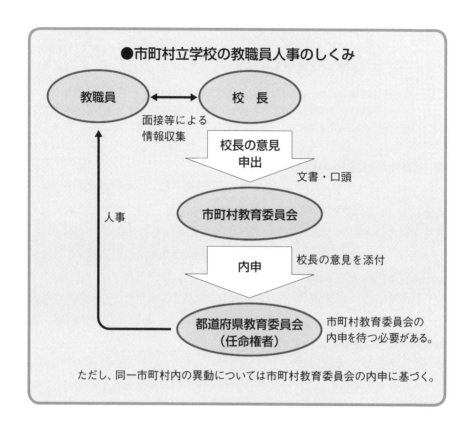

[関連する法令]

〈地方教育行政の組織及び運営に関する法律〉
第34条　教育委員会の所管に属する学校その他の教育機関の校長、園長、教員、事務職員、技術職員その他の職員は、この法律に特別の定めがある場合を除き、教育委員会が任命する。
第37条　市町村立学校職員給与負担法（略）第1条及び第2条に規定する職員（以下「県費負担教職員」という。）の任命権は、都道府県委員会に属する。（以下略）
第38条　都道府県委員会は、市町村委員会の内申をまつて、県費負担教職員の任免その他の進退を行うものとする。（以下略）

8 勤務条件

免許状を要しない非常勤の講師、特別免許状

教員免許状を有しない非常勤の講師（特別非常勤講師）の任用数が増加。
特別免許状は、教育職員検定に合格した者に付与され、授与権者の置かれた都道府県においてのみ有効。

◆ 相当免許状主義の原則

幼稚園、小学校、中学校、義務教育学校、高等学校、中等教育学校及び特別支援学校（以下、学校）の教諭、養護教諭、栄養教諭、講師（以下、教員）は、教育職員免許法によって授与される各相当の免許状を有しなければならない（教育職員免許法第3条）。さらに、特別支援学校の教員は特別支援学校の各部に相当する学校（例：小学部であれば小学校）の、義務教育学校の教員は小学校及び中学校の、中等教育学校の教員は中学校及び高等学校の教員免許状を有するものでなければならない（同条第3項・第4項・第5項）。このように教員の資格要件を定める原則を「相当免許状主義」という。

◆ 相当免許状主義の例外

上記の原則の例外として、学校の各教科の領域の一部に係る事項などの教授や実習を担任する者に、教員免許状を有しない非常勤の講師（特別非常勤講師）を充てることができる（教育職員免許法第3条の2第1項）。特別非常勤講師を任命または雇用しようとする者は、あらかじめ、その旨を授与権者（都道府県教育委員会）に届け出なければならない（同法第3条の2第2項）。

◆ 特別免許状

上述の制度に加え、都道府県教育委員会が教育職員検定に合格した者に授与する特別免許状の活用がある。教育職員検定は、専門的な知識経験や技能を有するなどの要件を満たす者を教員として任命することにより、学校教育の効果的な実施にとくに必要があると認める場合において行う推薦に基づいて行われる（同法第5条第3・4項）。特別免許状の有効期間は、授与の日の翌日から起算して10年を経過する日の属する年度の末日までであり、その免許状を授与した授与権者（都道府県教育委員会）の置かれる都道府県においてのみ有効となる（同法第9条）。

●免許状を要しない非常勤の講師、特別免許状のしくみ

```
授与権者
＝都道府県教育委員会に届け出を行う
```

免許状を有しない者 特別非常勤講師

免許更新制の対象であり、有効期間は10年間。

免許状を有しない者
（大学卒業者） 特別免許状

都道府県教育委員会が実施する教育職員検定に合格した者に授与。
授与権者が置かれる都道府県内のみで有効。

●特例特別免許状

特例特別免許状は、構造改革特別区域における教育上の特別の事情に対応するため、当該特区市町村教育委員会が次に掲げる者に授与することができる特別免許状である。
①当該特区市町村の長が設置の認可を行った学校設置会社が、当該学校の教育職員に雇用しようとする者。
②当該特区市町村の長が認可を行った学校設置非営利法人が、当該学校の教育職員に雇用しようとする者。
③当該特区市町村がその給与などを負担して、教育職員に任命しようとする者。

（構造改革特別区域法第19条）

[関連する法令]

〈教育職員免許法〉
第3条　教育職員は、この法律により授与する各相当の免許状を有するものでなければならない。（以下略）
第3条の2
2　前項の場合において、非常勤の講師に任命し、又は雇用しようとする者は、あらかじめ、文部科学省令で定めるところにより、その旨を（略）授与権者に届け出なければならない。
第5条
3　特別免許状は、教育職員検定に合格した者に授与する。〔ただし書略〕

第2章　教員の職務に関すること　133

9 臨時的任用、任期付き任用、非常勤講師

勤務条件

学校現場における「臨時的任用教員（常勤講師）」と「非常勤講師」の任用数が増加。

◆ 臨時に採用される教員について

　病気や負傷による休職、産前産後休暇、育児休業、その他の事由により年度途中に教員に欠員が生じた場合、一定期間、学校に勤務する教員を充てる。これらの教員を臨時採用教員という。各地方公共団体による名称は異なるが、「臨時的任用教員（常勤講師）」と「非常勤講師」に大別される。
「臨時的任用教員」は、正規教員が休暇や休職、長期研修のために学校を離れる場合、採用内定者の辞退、年度途中での退職で欠員が生じた場合に採用される教員であり、正規教員と同様の勤務形態をとる。待遇も正規教員に準じる。これに対し「非常勤講師」は、教科編成上の補充などの観点から採用される教員であり、勤務は担当する授業時間のみで、クラス担任や他の校務分掌を任されることは少ない。給与は担当した時間数に応じて時間給として支払われ、各種手当ても支払われない。

◆ 臨時採用教員の資格・任用

　臨時採用教員になるためには、基本的に教員免許状が必要となる。多くの地方公共団体において、教育委員会が希望者の登録などを基に名簿を作成し、各学校での需要に応じて名簿登載者から任用する手続きをとる。

◆ 今後の課題

　義務教育費国庫負担金に「総額裁量制」が導入された2004（平成16）年以降、都道府県の裁量により、正規教員に限定されていた教員定数の一部を臨時採用教員でまかなうことが可能となった。さらに財政悪化による教員採用の抑制、地方自治体独自の教育プログラムへの充当などの理由から臨時採用教員は増加している。臨時採用教員は、待遇の不安定さに加え、教育委員会主催の研修や校内研修が十分実施されておらず、指導力向上の面で課題が多い。臨時採用教員の経験が正規採用後に考慮されないという課題もある。

[関連する法令]

〈地方公務員法〉
第22条
2 人事委員会を置く地方公共団体においては、任命権者は、人事委員会規則で定めるところにより、緊急の場合、臨時の職に関する場合又は採用候補者名簿（略）がない場合においては、人事委員会の承認を得て、6月を超えない期間で臨時的任用を行うことができる。この場合において、その任用は、人事委員会の承認を得て、6月を超えない期間で更新することができるが、再度更新することはできない。

10 勤務条件
県費負担教職員の任命の手続き

県費負担教職員の任命権者は都道府県教育委員会。指定都市の設置する学校の県費負担教職員の任命権は、指定都市教育委員会に委任。

◆「選考」による任用

一般公務員が行政事務能力の有無を判断する「競争試験」によって採用されるのに対し、公立学校の校長ならびに教員の採用は、学力、経験、人物など一定の基準を踏まえた「選考」によるものとされる。選考は、大学附置の学校においては当該大学の学長、それ以外の公立学校においては任命権者である教育委員会の教育長が行う（教育公務員特例法第11条）。

◆ 県費負担教職員の任命権者

市町村立学校の教職員（以下、県費負担教職員）は、市町村の職員としての身分を有しているが、その任命権者は、市町村教育委員会ではなく都道府県教育委員会となる（地方教育行政の組織及び運営に関する法律第37条）。指定都市の設置する学校の県費負担教職員の任命権は、指定都市の教育委員会に委任されている（同法第58条第1項）。また、市町村の設置する中等教育学校の県費負担教職員の任免、給与の決定、休職および懲戒に関する事務は、当該市町村の教育委員会が行う（同法第61条第1項）。

◆ 県費負担教職員の人事異動の手続き

県費負担教職員の人事異動は以下のように行われる。①都道府県教育委員会の管理主事などが学校を訪問、②都道府県教育委員会の管理主事などによる教職員の面接、③都道府県教育委員会による市町村教育委員会・校長に対する人事異動要項などの説明、④都道府県教育委員会による市町村教育委員会・校長へのヒアリングなど（複数回）、⑤市町村教育委員会による校長のヒアリング（校長による意見具申）、⑥市町村教育委員会から都道府県教育委員会への内申（校長の意見を添付）、⑦人事異動の内示、発令。上記のように都道府県教育委員会が市町村教育委員会や校長の意見を反映させた人事異動を行うしくみが設けられている。

●県費負担教職員の任命

教員採用候補者 — 公立学校においては任命権者である教育委員会の教育長が実施する「選考」により採用

① 都道府県教育委員会の管理主事などが学校を訪問
　↓
② 都道府県教育委員会の管理主事などによる教職員の面接
　↓
③ 都道府県教育委員会による市町村教育委員会・校長に対する人事異動要項などの説明
　↓
④ 都道府県教育委員会による市町村教育委員会・校長へのヒアリング
　↓
⑤ 市町村教育委員会による校長のヒアリング（校長の意見具申）
　↓
⑥ 市町村教育委員会から都道府県教育委員会への内申（校長の意見を添付）
　↓
⑦ 人事異動の内示、発令

出典：文部科学省「市町村立学校の教職員の人事等に関する資料」より作成

[関連する法令]

〈教育公務員特例法〉
第11条　公立学校（幼保連携型認定こども園を除く。）の校長の採用（現に校長の職以外の職に任命されている者を校長の職に任命する場合を含む。）並びに教員の採用（現に教員の職以外の職に任命されている者を教員の職に任命する場合を含む。以下この条において同じ。）及び昇任（採用に該当するものを除く。）は、選考によるものとし、その選考は、大学附置の学校にあつては当該大学の学長が、大学附置の学校以外の公立学校にあつてはその校長及び教員の任命権者である教育委員会の教育長が、大学附置の学校以外の公立学校（幼保連携型認定こども園に限る。）にあつてはその校長及び教員の任命権者である地方公共団体の長が行う。

11 勤務条件

県費負担教職員と市費負担教職員

2007（平成19）年度より市費負担教職員制度を全国的に実施。県費負担教職員と市費負担教職員との人事交流などに課題。

◆ 県費負担教職員の定義

　市（指定都市を除き、特別区を含む）町村立の小学校、中学校、義務教育学校、中等教育学校の前期課程及び特別支援学校の校長、副校長、教頭、主幹教諭、指導教諭、教諭、養護教諭、栄養教諭、助教諭、養護助教諭、寄宿舎指導員、講師、学校栄養職員、事務職員の教職員の給料、各種手当は都道府県が負担することになっている（市町村立学校職員給与負担法第1条）。都道府県が給与を負担（国がその3分の1を負担）しているこれらの教職員のことを県費負担教職員と呼ぶ。学校の経費を設置者が負担する設置者負担主義（学校教育法第5条など）の例外として、このような教職員の任用制度が導入されたのは、教員の広域的な任用、配置を適切に行うことで、市町村間の義務教育の水準を一定に保つためである。

◆ 市費負担教職員の導入における課題

　従来より市費負担による教員の採用はみられたが、2003（平成15）年度より、各地域で特色ある教育を推進するため、教育上とくに必要な事情がある場合、構造改革特区を活用し、市町村が給与を負担して、市町村教育委員会による教職員の任用を可能とする「市町村費負担教職員任用事業」が開始された。これらの取組の成果を受け、市町村立学校職員給与法が改正され、2007（平成19）年度より、市町村費負担（以下、市費負担と略記）教職員制度が全国展開されるに至った。同制度により、市町村が主体性を発揮しながら教員の人事を行うこと、少人数制学級の導入の促進などが期待されている。しかし他方で、市費負担教員として採用した者の県費負担教職員への転換、県費負担教職員との人事交流、市町村の財政力などにより教育水準に格差が生じるなどの問題点が指摘されており、十分な財政的・技術的支援について考慮される必要がある。

●県費負担教職員と市費負担教職員の配置と負担割合

県費負担教職員 ⇔ 人事交流などに課題 ⇔ **市費負担教職員**

都道府県が給与を負担（国が3分1を負担）

市（指定都市を除き、特別区を含む）町村立の小学校、義務教育学校、中学校、中等教育学校の前期課程、特別支援学校の校長、副校長、教頭、主幹教諭、指導教諭、教諭、養護教諭、栄養教諭、助教諭、養護助教諭、寄宿舎指導員、講師、学校栄養職員、事務職員

2007（平成19）年度より全国展開。市町村が主体性を発揮しながら教員人事を行うこと、少人数制学級の導入などへ期待。

●市費負担採用の実態

	平成25年度	平成26年度	平成27年度	平成28年度	平成29年度
小学校教員（本務者）	764(515)	865(557)	893(538)	909(548)	939(547)
小学校教員（兼務者）	987(851)	1228(1043)	1688(1437)	1379(1159)	1453(1205)
中学校教員（本務者）	499(236)	508(242)	521(219)	536(235)	571(242)
中学校教員（兼務者）	833(556)	1075(694)	1385(880)	1299(750)	1345(850)
合　計	3083(2158)	3676(2536)	4487(3074)	4123(1692)	4308(2844)

出典：学校基本調査より作成　単位：人　（　）内は女性数
本務者：当該学校の専任の教職員。辞令により判断
兼務者：本務者以外の教職員。たとえば、本務者が非常勤講師として勤務した場合、本務者1名、兼務者1名というように延べ数で判断される

[関連する法令]

〈市町村立学校職員給与負担法〉
第1条　市（指定都市を除き、特別区を含む。）町村立の小学校、中学校、義務教育学校、中等教育学校の前期課程及び特別支援学校の校長（略）、副校長、教頭、主幹教諭、指導教諭、教諭、養護教諭、栄養教諭、助教諭、養護助教諭、寄宿舎指導員、講師（略）、学校栄養職員（略）及び事務職員のうち次に掲げる職員であるものの給料、（中略）及び職務を行うために要する費用の弁償（次条において「報酬等」という。）は、都道府県の負担とする。（以下、一〜三は略）

第2章　教員の職務に関すること

12 産休、育休と補助教職員の確保

勤務条件

少子高齢化に対応して育児休業・介護休暇の充実が求められる。任命権者は、休暇を取得する教員が在職する学校のため臨時に教職員を任用する。

◆ 産前産後の休業について

　労働基準法では、女性労働者の産前産後の休業（＝妊娠・出産休暇）が認められている。具体的には、6週間以内（双子など多胎妊娠の場合には14週間）に出産する予定の女性が休業を請求した場合、休業を与えなければならない。また産後8週間を経過しない女性を就業させてはならない。ただし、産後6週間を経過した女性から請求があった場合に医師が支障がないと認めた業務に就かせることはできる（同法第65条）。公立学校に勤務する女性教員にも、これらの規定をもとに同様以上の期間の休業が認められている。

◆ 育児休業・介護休暇

　公立学校の教職員の育児休業については、地方公務員の育児休業等に関する法律の規定を受ける。職員（男女を問わない）は、3歳に達する日までの子を養育するため、任命権者の承認を受けて育児休業を取得することができる。任命権者は、育児休業の請求があった場合には、業務処理の措置を講じることが著しく困難である場合を除き、これを承認しなければならない。育児休業中の職員は、身分を保有するが、職務に従事せず、給与も支給されない（地方公務員の育児休業等に関する法律第4条第2項）。しかし、各種の手当は支払われる。

　介護休暇とは、職員が要介護者（配偶者などで負傷、疾病または老齢により人事院規則で定める期間にわたり日常生活を営むのに支障があるもの）の介護をするために認められる休暇である（一般職の職員の勤務時間、休暇等に関する法律。各都道府県の条例も同法に準じる）介護休暇中は給与が減額される。

◆ 補助教職員の確保

　任命権者は、当該学校の教職員の職務を助けるため、臨時的に教職員を任用しなければならない。

●産休、育休の規定

産前産後休業	○産前予定の6週間（双子など多胎妊娠の場合には14週間） ○産後の8週間
育児休暇	○3歳に達する日まで任命権者の承認を受けて取得
介護休暇	○職員が要介護者（配偶者などで負傷、疾病または老齢により人事院規則で定める期間にわたり日常生活を営むのに支障があるもの）の介護をするために認められる休暇

任命者は、臨時教員を採用して、当該学校の職員の職務を補助する。

●短期介護休暇について

要介護状態にある家族（父母・子・配偶者の父母等）の介護その他の世話を行う場合、家族1人あたり年5日（2人以上の場合は年10日）の休暇が可能となった。これを短期介護休暇という。たとえば、子が病気になった際の看病をする際に取得することができる。

[関連する法令]

〈労働基準法〉
第65条 使用者は、6週間（多胎妊娠の場合にあつては、14週間）以内に出産する予定の女性が休業を請求した場合においては、その者を就業させてはならない。（以下略）

〈地方公務員の育児休業等に関する法律〉
第2条 職員（略）は、任命権者（略）の承認を受けて、当該職員の子を養育するため、当該子が3歳に達する日（略）まで、育児休業をすることができる。（略）

13 勤務条件

休日・休業日・週休日・代休

週休日は勤務時間を割り振らない日（勤務を要しない日）であり、休業日は授業を行わない日。週休日と休業日は同一ではないことに留意

◆ 休日の定義

休日は、「労働者が人たるに値する生活を営むため」に設けられる、勤務や業務を原則として休む日である。国民の祝日に関する法律に規定する休日、年末年始の休日（12月29日から翌年1月3日まで）においては、とくに勤務を命じられた者を除き、正規の勤務時間においても勤務する必要はないとされる（一般職の職員の勤務時間、休暇等に関する法律第14条及び条例など）。

◆ 週休日

週休日は、勤務時間を割り振らない日（勤務を要しない日）であり、労働基準法に定める日である。基本的には日曜日及び土曜日を指す（一般職の職員の勤務時間、休暇等に関する法律第6条など）。本来勤務を要しない週休日に、勤務の割り振りを行った場合には、その振り替えとして本来勤務を要する勤務日を週休日とすることができる。これを代休日という。

◆ 休業日

休業日は、授業を行わない日（学校教育法施行規則第4条第1項）である。授業を実施する「授業日」と対になる語である。公立学校における休業日は、以下のとおりである（同規則第61条）。①国民の祝日に関する法律に規定する日、②日曜日および土曜日、③学校教育法施行令第29条第1項の規定に基づき教育委員会が定める日（夏季、冬季、学年末、農繁期等の休業日）。近年、確かな学力の定着を図ることなどを目的として、土曜日に教育課程に位置づけられた授業を実施する地方公共団体が存在することを受け、学校を設置する地方公共団体の教育委員会の判断により休業日の変更を可能とする規定が付された。私立学校における休業日は、当該学校の学則で定められる（同法第62条）。

休業日は、児童や生徒の負担を考慮して設けられる学校の教育課程に基づく授業を実施しない日であり、教員の勤務を要しない日（＝週休日）とは異なる。

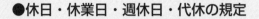

●休日・休業日・週休日・代休の規定

週休日：勤務時間を割り振らない日　日曜日及び土曜日　→　授業を行った場合には、代休日が必要。

週休日 ≠ 休業日

休業日 ⇔ **授業日**

授業を行わない日（公立学校の場合
　　　　　　　　＝学校教育法施行規則第61条に規定）
① 国民の祝日に関する法律に規定する日
② 日曜日及び土曜日
③ 学校教育法施行令29条の規定に基づき教育委員会が定める日
　　（夏季、冬期、学年末、農繁期などの休業日）

→ 土曜日における授業の実施を可能とする改定。

（私立学校の場合＝当該学校の学則に規定）

[関連する法令]

〈一般職の職員の勤務時間、休暇等に関する法律〉
第14条　職員は、国民の祝日に関する法律（略）に規定する休日（略）には、特に勤務することを命ぜられる者を除き、正規の勤務時間においても勤務することを要しない。12月29日から翌年の1月3日までの日（略）についても、同様とする。

〈学校教育法施行規則〉
第61条　公立小学校における休業日は、次のとおりとする。ただし、第3号に掲げる日を除き、当該学校を設置する地方公共団体の教育委員会が必要と認める場合は、この限りでない。
　一　国民の祝日に関する法律に規定する日
　二　日曜日及び土曜日
　三　学校教育法施行令第29条第1項の規定により教育委員会が定める日
第62条　私立学校における学期及び休業日は、当該学校の学則で定める。

14 休憩時間

勤務条件

休憩時間は、権利として認められているものであり、勤務時間には含まれない。

◆ 権利としての休憩

　長時間にわたって労働者を継続的に勤務させることは、労働者の心身の疲労を高め、勤務能率の低下、災害の発生率の増加などにつながる。労働基準法は、労働者の心身の疲労の回復、災害の防止、作業能率の増進などの観点から、労働時間が6時間を超える場合においては少なくとも45分、8時間を超える場合においては少なくとも1時間の休憩時間を労働時間の途中に与えなければならないと規定している（労働基準法第34条）。休憩時間は、労働時間に含まれていないために給与などの支給対象とはなっておらず、単に勤務に従事しない時間とは異なる。休憩時間は、原則として、一斉に付与されなければならず（同条第2項）、自由利用が認められなければならない（同条第3項）。しかし、条例に特別の定めがある場合には、この限りではないとされる。

◆ 学校の教職員の特例

　公立学校の教職員については、労働基準法や一般職の職員の勤務時間、休暇等に関する法律、そして人事院規則15-14を踏まえながら、都道府県の条例や規則において休憩時間に関する規定がなされている。休憩時間は、おおむね毎4時間の連続する正規の勤務時間の後に置くこととされ（人事院規則15-14第7条）、1日につき7時間45分の勤務時間を割り振る場合にあっては60分置かなければならない。ただし、業務の運営や職員の健康及び福祉を考慮して必要があると認める場合は45分とすることができる。また、教職員の職務の特殊性など必要がある場合には、人事委員会規則の定めるところにより、休憩時間を一斉に与えないことができるとされる。

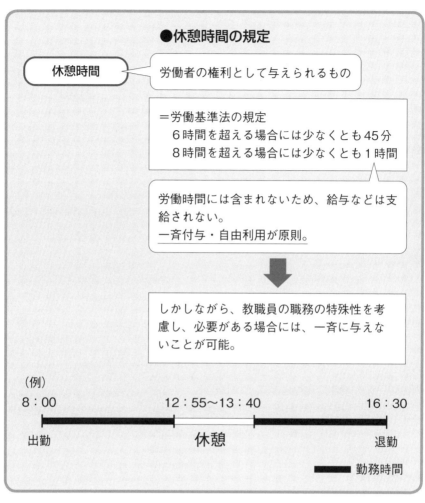

[関連する法令]

〈労働基準法〉
第34条　使用者は、労働時間が6時間を超える場合においては少なくとも45分、8時間を超える場合においては少なくとも1時間の休憩時間を労働時間の途中に与えなければならない。

〈人事院規則15-14〉
第7条　各省各庁の長は、次に掲げる基準に適合するように休憩時間を置かなければならない。
一　おおむね毎4時間の連続する正規の勤務時間（略）の後に置くこと。
二　（略）1日につき7時間45分の勤務時間を割り振る場合にあっては60分（各省各庁の長が、業務の運営並びに職員の健康及び福祉を考慮して必要があると認める場合は、45分）、それ以外の場合にあつては30分以上とすること。（以下略）

15 年次休暇・特別休暇

勤務条件

年次休暇は、給与の支給を受けながら事由を限らず毎年権利として与えられる休暇。
特別休暇は特別の事由があり職員が勤務しないことを相当として認められる休暇。

◆ 公務員に認められる休暇

公務員に認められる休暇として、年次休暇、病気休暇、特別休暇及び介護休暇がある（一般職の職員の勤務時間、休暇等に関する法律）。年次休暇、病気休暇、特別休暇は、有給休暇であり、給与を支払われながら取得することができる。

◆ 年次休暇

このうち年次休暇とは、公務員に与えられる休暇のうち、給与の支給を受けながら事由を限らず毎年与えられる休暇をいう。公務員の休暇についても、労働基準法の基準を最低として、条例などに細かな規程がある。なお、労働基準法では年次有給休暇とされており、条例などでも同様の文言が採用されている。年次休暇は、公務員の場合には20日と定められており、20日を超えない範囲内の残日数を翌年に繰り越すことができる。

年次休暇は、基本的に教職員が申し出た日に与えられることを基本とするが、校務の正常な運営に支障があると認められる場合、校長（校長にあっては教育委員会）に時季変更権の行使が認められている。

◆ 特別休暇

特別休暇は、選挙権の行使、結婚、出産、交通機関の事故、その他法令に定める特別の事由があり職員が勤務しないことが相当として人事院規則（人事委員会規則）で定める場合の休暇である。また、慶弔休暇も特別休暇の1つである。慶弔休暇では、たとえば配偶者または父母がなくなった場合には7日の休暇が認められ、葬儀のために遠隔地に赴く場合には往復の日数が加算される。さらに夏季における盆などの諸行事、心身の健康の増進を行う場合の休暇（夏季休暇）も特別休暇に含まれる。夏季休暇は7月から9月の期間内に休日及び代休日を除いて原則として3日の範囲内で認められる。

●年次休暇・特別休暇の規定

年次休暇
給与の支給を受けながら、事由を限らず、毎年与えられる休暇
20日（残日数（20日以下）を翌年に繰り越し可）
教職員が<u>申し出た日に与える</u>ことを基本とする。

↓（しかしながら）

校長は、校務の遂行に支障があると認める場合には、<u>休暇の時期を変更する時期変更権</u>を行使できる。

病気休暇

特別休暇
法令に定める特別の事由があり、勤務しないことが相当として人事院規則で定める場合の休暇
○慶弔休暇
○夏季休暇など

介護休暇

[関連する法令]

〈一般職の職員の勤務時間、休暇等に関する法律〉
第16条　職員の休暇は、年次休暇、病気休暇、特別休暇、介護休暇及び介護時間とする。
第19条　特別休暇は、選挙権の行使、結婚、出産、交通機関の事故その他の特別の事由により職員が勤務しないことが相当である場合として人事院規則で定める場合における休暇とする。この場合において、人事院規則で定める特別休暇については、人事院規則でその期間を定める。

16 公務災害

勤務条件

公務災害に対する補償は請求主義を原則とする。補償の認定においては公務遂行性及び公務起因性が重要。

◆ 公務災害の補償

　地方公務員である公立学校の教職員は、その福祉や利益を適切かつ公正に保護されなければならない。公務において、あるいは通勤時に教職員が死亡、負傷、もしくは疾病にかかったり、障がいの残る状態となったりした場合、当該教職員またはその遺族、被扶養者は、その損害を補償される。その補償制度の構築は地方公共団体の責務となっているが、具体的には地方公務員災害補償法に基づき、地方公共団体に代わって補償を行う地方公務員災害補償基金が設けられ、災害に対する給付が行われている。補償には、療養補償、休業補償、傷病補償年金、障害補償、介護補償、遺族補償、葬祭補償がある。

◆ 公務災害補償のための認定制度

　これらの補償は、災害の発生とともに自動的に給付されるのではなく、「請求主義」を原則とする。事故発生後2年以内（障害補償及び遺族補償は5年以内）に認定の手続きをとらなければ時効となる。認定に際しては、公務遂行性と公務起因性が重要な判断基準となる。公務遂行性とは災害が任命権者の支配・管理下で生じたことを指す。公務起因性とは、公務の遂行と災害の間に相当因果関係が認められることをいう。公務の遂行により負傷する、基礎的疾病が悪化して死亡する、あるいは死期を早めるなど、公務遂行と死亡との間に相当因果関係（公務起因性）が認められる場合には公務災害と認定されるが、その証明が難しい場合においては裁判に至る事例もある。

◆ 予防措置の充実

　労働安全衛生法に基づき、適切な労働環境の確保のため、学校の設置者は各学校における衛生管理者等の選任や衛生委員会の設置、産業医によるストレスチェック、面接指導の実施が義務づけられている。

[関連する法令]

〈労働基準法〉
第75条 労働者が業務上負傷し、又は疾病にかかつた場合においては、使用者は、その費用で必要な療養を行い、又は必要な療養の費用を負担しなければならない。(以下略)
第76条 労働者が前条の規定による療養のため、労働することができないために賃金を受けない場合においては、使用者は、労働者の療養中平均賃金の100分の60の休業補償を行わなければならない。(以下略)
第77条 労働者が業務上負傷し、又は疾病にかかり、治つた場合において、その身体に障害が存するときは、使用者は、その障害の程度に応じて、平均賃金に別表第2に定める日数を乗じて得た金額の障害補償を行わなければならない。
(別表第2には、身体障害等級とそれに対応する災害補償日数が、第14級の50日分から第1級の1340日分まで等級ごとに示されている。)

17 勤務条件
病気休職と病気休暇

精神疾患を理由とする病気休職への対応が重要。病気休暇の運用とあわせての理解が求められる。

◆ 病気休職者の増加

　文部科学省によれば、2016（平成28）年度の病気休職者数は、7,758名（そのうち精神疾患による病気休職者数は4,891名（全教育職員のうち0.53％））に上る。病気休職は、分限処分の１つであり、身分を保有するが職を失う。病気休職の期間と給与は、条例で定められる。たとえば、東京都では３年以内で個々に定める期間で、満１年までは給与や各種手当ての一部（100分の80）が支払われる（結核休職は除く）。事由消滅や期間満了後の復職発令を待って復職となる。

　とくに精神疾患による病気休職者数は高水準で推移しており、教育委員会や学校管理職による校務の改善、発症時および回復から復職に向けた支援の充実が求められる。

◆ 病気休暇

　休職とは別に、病気や負傷のために勤務しないことがやむを得ないと認定された場合には、病気休暇が認められる。病気休暇は、労働者に認められる休暇の１つである。病気休暇の期間は、療養のため勤務しないことがやむを得ないと認められる「必要最小限度の期間」（人事院規則15－14第21条）と規定される。具体的には、国家公務員の場合、①生理日の就業が著しく困難な場合、②公務上または通勤により負傷し、もしくは疾病にかかった場合、③健康診断の結果などを受けて医師により勤務軽減措置を受けた場合を除き、その期間は連続して90日を超えることはできない。病気休暇が上限を超えないうちに職場に復帰し、勤務日数が20日未満で再び病気休暇を取得する場合には、復帰前の日数が通算される。上述の期間を過ぎた場合には、病気休職への切り替えがなされる。地方公務員は、国家公務員の規定に準じ、条例により病気休暇期間などが規定される。

●病気休職と病気休暇について

病気休職

・「分限処分」の1つ。

精神疾患による
病気休職者数が増加。
(2016(平成28)年　4,891名)

＝

期間は条例により規定。
(例)東京都は3年以内。

病気休暇

・労働者に認められる「休暇」の1つ。
・職員が負傷または疾病のため療養する必要があり、勤務しないことがやむを得ないと認められる場合の休暇。

＝

連続して90日を超えない範囲で認められる。
(人事院規則15-14)
※医師により診察を受け、負傷・疾病により勤務を休ませたり制限したりする必要がある場合には、別途、条例などで規定。
例：福島県　精神疾患の場合180日

・これらの期間を超えた場合、病気休職への切り替えがなされる。

[関連する法令]

〈一般職の職員の勤務時間、休暇等に関する法律〉
第18条　病気休暇は、職員が負傷又は疾病のため療養する必要があり、その勤務しないことがやむを得ないと認められる場合における休暇とする。

〈人事院規則15-14〉
第21条　病気休暇の期間は、療養のため勤務しないことがやむを得ないと認められる必要最小限度の期間とする。ただし、次に掲げる場合以外の場合における病気休暇（略）の期間は、（中略）連続して90日を超えることはできない。
　一　生理日の就業が著しく困難な場合
　二　公務上負傷し、若しくは疾病にかかり、又は通勤（略）により負傷し、若しくは疾病にかかった場合（略）

1 体罰の禁止

教員のコンプライアンス

学校教育法第11条ただし書にいう体罰は、いかなる場合においても禁止。
文部科学省が通知において、児童生徒の懲戒・体罰に関する考え方を明示。

◆ 体罰の禁止に関する規定の経緯

　体罰の禁止に関しては、1879（明治12）年の教育令において、すでにその規定が存在していた。戦後は、学校教育法第11条において体罰禁止が謳われ、長い間「児童懲戒権の限界について」（法務庁法務調査意見長官回答：昭23・12・22）等を参考に、教育委員会や学校現場での指導が行われてきた。

　文部科学省は、判例の動向等も踏まえ「問題行動を起こす児童生徒に対する指導について（通知）」（2007（平成19）年2月5日）の別紙において、「学校教育法第11条に規定する児童生徒の懲戒・体罰に関する考え方」を明示した。しかしながら、2012（平成24）年12月に大阪市立桜宮高校で体罰自殺事件が発生したことに対応して、懲戒と体罰の区別等についてよりいっそう適切な理解・促進を図るため、「体罰の禁止及び児童生徒理解に基づく指導の徹底について（通知）」（2013（平成25）年3月13日）を発し、その別紙において参考事例を示している。

◆ 体罰の判定

　具体的に体罰とは、①身体に対する侵害（殴る、蹴る等）、②肉体的苦痛を与える（正座・直立等特定の姿勢を長時間保持させる等）、③用便の禁止、④長時間食事を与えない等である。また、有形力の行使（目に見える物理的な力）以外の方法により行われた懲戒については、①放課後等に教室に残留させる、②授業中、教室内に起立させる、③学習課題や清掃活動を課す、④学校当番を多く割り当てる、⑤立ち歩きの多い児童生徒を叱って席につかせる、以上のような行為は、肉体的苦痛を与えるものでない限り、通常体罰には相当しない。ただし、児童生徒を教室に入れず、または教室から退去させ、授業を受けさせないままに放置することは、義務教育における懲戒の手段としては許されない。

●学校教育法第11条に規定する児童生徒の懲戒・体罰に関する考え方

（1）体罰を判断する際の要点

- 児童生徒への指導に当たり、学校教育法第11条ただし書にいう体罰は、いかなる場合においても行ってはならない。
- 教員等が児童生徒に対して行った懲戒の行為が体罰に当たるかどうかは、当該児童生徒の年齢、健康、心身の発達状況、当該行為が行われた場所的及び時間的環境、懲戒の態様等の諸条件を総合的に考え、個々の事案ごとに判断する必要がある。
- 個々の懲戒が体罰に当たるか否かは、単に、懲戒を受けた児童生徒や保護者の主観的な言動により判断されるのではなく、上記の諸条件を客観的に考慮して判断されるべきであり、特に児童生徒一人一人の状況に配慮を尽くした行為であったかどうか等の観点が重要である。

（2）有形力の行使により行われた懲戒に関する判例

- 児童生徒に対する有形力（目に見える物理的な力）の行使により行われた懲戒は、その一切が体罰として許されないというものではない。
- 「いやしくも有形力の行使と見られる外形をもった行為は学校教育法上の懲戒行為としては一切許容されないとすることは、本来学校教育法の予想するところではない」（東京高裁判決：昭56・4・1水戸五中事件）
- 「生徒の心身の発達に応じて慎重な教育上の配慮のもとに行うべきであり、このような配慮のもとに行われる限りにおいては、状況に応じ一定の限度内で懲戒のための有形力の行使が許容される」（浦和地裁判決：昭60・2・22大宮北中事件）

出典：文部科学省「問題行動を起こす児童生徒に対する指導について（通知）」（18文科初第1019号・平成19年2月5日）別紙より抜粋

[関連する法令]

〈学校教育法〉
第11条　校長及び教員は、教育上必要があると認めるときは、文部科学大臣の定めるところにより、児童、生徒及び学生に懲戒を加えることができる。ただし、体罰を加えることはできない。

〈学校教育法施行規則〉
第26条　校長及び教員が児童等に懲戒を加えるに当たっては、児童等の心身の発達に応ずる等教育上必要な配慮をしなければならない。（以下略）

2 学校における個人情報の管理

教員のコンプライアンス

公立学校は設置者である地方公共団体が定めた個人情報保護条例を適用。
個人情報が外部に漏えいしないよう、情報管理のルールと実施体制の確立を。

◆ 情報公開法

「行政機関の保有する情報の公開に関する法律」(1999（平成11）年5月14日法律第42号）の制定に伴い、地方公共団体は、保有する情報の公開に関する施策を策定し実施するよう努めなければならない（同法25条）とされている。その結果、学校が保有する情報も公開の対象となり、情報公開条例において実施機関に指定されている教育委員会の判断で、開示・非開示等の決定がなされることになった。

◆ 個人情報保護法

2003（平成15）年5月30日に「個人情報の保護に関する法律」が公布されているが、同法は主に民間企業等を対象とするものであるため、私立学校には適用されるが、国公立学校に対し直接的に適用されることはない。つまり、国立学校には独立行政法人等の保有する個人情報の保護に関する法律が適用され、公立学校には設置者である地方公共団体が定めた個人情報保護条例（地方によっては情報公開条例のなかに個人情報保護が規定されている場合もある）が適用されることになっている。そして、公立学校の設置者においては、「学校における生徒等に関する個人情報の適正な取扱いを確保するために事業者が構ずべき措置に関する指針」(2004（平成16）年文部科学省告示第161号）を参考にし、当該個人情報保護条例等に基づいて児童生徒等の個人情報の取扱いについて適切な措置を講ずることが期待されている。

◆ 学校における個人情報の管理

公立学校には児童生徒に関する多くの個人情報が蓄積されているため、これらが外部に漏えいしないように学校内における個人情報管理のルールとその実施体制を確立し、研修を通じて教職員にその徹底を図る必要がある。

●学校における個人情報の例

氏名のような、それだけで特定の個人を識別できる情報だけでなく、生年月日、住所、電話番号、電子メールアドレス、印鑑の印、性別、学籍番号、学校の成績、人物評価、科目履修表のような、特定の個人の属性や所有物、関係事実等を表す情報であって、それらの情報とその個人の氏名等とが容易に照合できる結果、特定の個人を識別することができる情報は、すべてこれに該当します。

出典：文部科学省「学校における生徒等に関する個人情報の適正な取扱いを確保するために事業者が講ずべき措置に関する指針」（平成16年文部科学省告示第161号）解説, 2005, p.5.

●情報管理対策の基本的なポイント

① 漏えいして困る情報を取り扱うパソコンには、ファイル交換ソフト（Winny等）を導入しない。
② 職場のパソコンに許可無くソフトウェアを導入しない、または、できないようにする。
③ 職場のパソコンを外部に持ち出さない。
④ 職場のネットワークに、私有パソコンを接続しない、または、できないようにする。
⑤ 自宅に仕事を持って帰らなくて済むよう作業量を適切に管理する。
⑥ 職場のパソコンからUSBメモリやCD等の媒体に情報をコピーしない、またはできないようにする。
⑦ 漏えいして困る情報を許可無くメールで送らない、または、送れないようにする。
⑧ ウイルス対策ソフトを導入し、最新のウイルス定義ファイルで常に監視する。
⑨ 不審なファイルは開かない。

出典：文部科学省ホームページ「情報管理体制チェックリストの参考例」より抜粋

[関連する法令]

〈行政機関の保有する情報の公開に関する法律〉
第25条　地方公共団体は、この法律の趣旨にのっとり、その保有する情報の公開に関し必要な施策を策定し、及びこれを実施するよう努めなければならない。
〈学校における生徒等に関する個人情報の適正な取扱いを確保するために事業者が構ずべき措置に関する指針〉
第一　趣旨
　この指針は、個人情報の保護に関する法律（以下「法」という。）に定める事項に関し、学校における生徒等に関する個人情報の適正な取扱いを確保するために事業者が講ずべき措置について、その適切かつ有効な実施を図るために必要な事項を定めたものである。
　なお、学校における生徒等に関する個人情報については、本指針によるほか、地方公共団体等が講ずる措置に留意するものとする。

3 教員のコンプライアンス

学校における著作物の扱い

学校その他の教育機関における著作物の複製に関する規定は著作権法第35条。著作権法第35条ガイドラインを活用して具体的運用を。

◆ 著作権法

　著作権法は、著作権者等の利益が不当に侵害されないよう、その条件が厳密に規定されている。また、複製されたものを目的外に使うことは禁止されており（著作権法第49条）、複製物の利用に当たっては、原則として出所の明示が義務づけられている（同法第48条）。

　一方、著作権法では、一定の「例外的」な場合に著作権等を制限して、著作権者等に許諾を得ることなく利用できることを規定している（同法第30条～第47条の10）。とくに、学校教育においては、他人の著作物を複製しなければならない場面が多々あり、その都度著作権者の許諾を得ることは実質的に不可能であることから、著作権法第35条において学校その他の教育機関における複製等について規定されている（右表参照）。

◆ 学校における著作物の扱い

　著作権法第35条第1項においては、学校その他で営利を目的として設置されていない教育機関の「教育を担任する者」である教員は、「授業の過程」で使用するために、必要と認められる限度において、著作物を複製することができると規定されている。ただし、ドリルやワークブック等の補助教材を一部だけ購入し、その全頁を複製する等、著作権者に不当に経済的不利益を与えるおそれがある場合は、この例外規定は適用されない。

　2004（平成16）年1月施行の改正法によって、第35条による著作権の制限が拡大され、「授業を受ける者」である児童生徒の複製、及び遠隔地での授業への公衆送信等も著作権者等の許諾を得ずに行えるようになった。一方で、附則第7条第2項では情報モラル教育の一環として、未成年者による特定侵害行為（違法サイトであることを知りながら、私的使用の目的で有償著作物をダウンロードする行為）の防止に関する啓発を、学校において義務づけている。

●学校その他の教育機関における著作物の複製の際の留意点

① 「学校その他の教育機関」とは、一条校の他、専修学校等の各種学校、大学校、保育所や社会教育において上記教育機関と同等の年間教育計画を有するところが含まれるが、営利目的の予備校、私塾等や、営利企業の社員研修、学校開放などで教育機関以外の者が単に場所として学校を使用する場合は含まれない。

② 「教育を担任する者」とは、授業を実際に行う人で、上記教育機関の「授業」を担任する教師、教授、講師等であり、教員免許等の資格の有無は問わない。

③ 「授業を受ける者」とは、授業を実際に受ける人のことであり、「授業」を担任する者の指導の下にあることを要し、交流時の他校在校生、社会教育の授業を受ける者も含むが、研究授業・授業参観における参観者は含まれない。

④ 「授業の過程における使用」における「授業」とは、学習指導要領、大学設置基準等で定義されるものであり、学校の教育計画に基づいて行われる課外指導は含まれるが、授業に関連しない参考資料の使用、校内LANサーバへの蓄積、学級通信・学校便り等への掲載、教科研究会における使用、学校ホームページへの掲載等は含まれない。

⑤ 「著作権者の利益を不当に害する」とは、児童・生徒・学生が授業を受けるに際し、購入または借り受けて利用することを想定しているもの（記録媒体は問わない）を購入等に代えてコピーすること、及び本来の授業目的を超えた利用が行われる場合であり、部数は通常の1クラスの人数と担任する者の和を限度とする。

出典：著作権法第35条ガイドライン協議会「学校その他の教育機関における著作物の複製に関する著作権法第35条ガイドライン」（平成16年3月）より抜粋

[関連する法令]

〈著作権法〉
第35条　学校その他の教育機関（営利を目的として設置されているものを除く。）において教育を担任する者及び授業を受ける者は、その授業の過程における使用に供することを目的とする場合には、必要と認められる限度において、公表された著作物を複製することができる。ただし、当該著作物の種類及び用途並びにその複製の部数及び態様に照らし著作権者の利益を不当に害することとなる場合は、この限りでない。

4 教員のコンプライアンス
ハラスメントの防止

「雇用機会均等法」第11条の規定により、セクハラ防止対策が義務化。
各学校においてセクハラの相談・苦情に適切に対応できる体制の確立を。

◆ セクシュアル・ハラスメントの定義

　文部科学省は、セクシュアル・ハラスメント（以下、セクハラと略）を、「職員が他の職員及び関係者を不快にさせる性的な言動並びに関係者が職員を不快にさせる性的な言動」（平成11年文部省訓令4号）と定義している。

　そして、職場におけるセクハラは、強要された性的関係等を拒否したために、職員が就労上または学生等が修学上の不利益を受ける場合である対価型と、性的な言動（発言・行動）によって職員の就労上または学生等の修学上の環境が害される場合の環境型、以上の2つに分類される。

◆ セクハラの実例

　前述のように性的な言動は、性的な発言と性的な行動に分けられる。具体的に性的な発言とは、性的な事実関係を尋ねること、性的な内容の情報（噂）を意図的に流布すること、性的な冗談やからかい、食事やデートへの執拗な誘い等が挙げられる。また、性的な行動とは、性的な関係を強要すること、必要なく身体へ接触すること、わいせつ図画を配布・掲示すること、強制わいせつ行為・強姦等のことを意味する。

◆ セクハラ防止のための対策

　雇用機会均等法第11条に基づき、公立学校における教職員について性的な言動に起因する問題に関して事業主が行うべき雇用管理上の配慮は、学校を設置する地方公共団体の教育委員会が義務を有している。そのため、各教育委員会は、学校においてセクハラが行われることのないよう、教職員への注意喚起や啓発が必要である。同時に、各教育委員会でセクハラに関する相談・苦情に対応する担当者を定め、各学校において児童生徒や保護者からの相談・苦情に適切に対応できる体制を整えていくことが必要となる。

●セクハラ防止に関する法令等制定の経緯

年月日	所管官庁	法令名及び内容
1997（平成9）年 6月18日公布 1999（平成11）年 4月1日施行	労働省 （当時）	「雇用の分野における男女の均等な機会及び待遇の確保等に関する法律」、いわゆる「雇用機会均等法」第21条が改正された結果、職場における性的な言動に起因する問題に関する雇用管理上の配慮が、事業主に義務づけられる
1998（平成10）年 3月13日	労働省 （当時）	「事業主が職場における性的な言動に起因する問題に関して雇用管理上配慮すべき事項についての指針」（平成10年労働省告示20号）を告示
1998（平成10）年 11月13日 （最終改正： 2007（平成19）年 2月9日）	人事院	雇用機会均等法21条の適用除外となる国家公務員の、セクハラの防止および排除のための措置等が規定された「人事院規則10-10（セクシュアル・ハラスメントの防止等）」を制定
1999（平成11）年 3月30日	文部省 （当時）	国立学校の教職員を含めた職員を対象に「文部省におけるセクシュアル・ハラスメントの防止等に関する規程」（平成11年文部省訓令4号）を制定
1999（平成11）年 4月12日	文部省 （当時）	各都道府県・指定都市教育委員会教職員人事主管課長あてに「公立学校等における性的な言動に起因する問題の防止について」（文教地第129号）の通知を送付

[関連する法令]

〈雇用の分野における男女の均等な機会及び待遇の確保等に関する法律〉
第11条 事業主は、職場において行われる性的な言動に対するその雇用する労働者の対応により当該労働者がその労働条件につき不利益を受け、又は当該性的な言動により当該労働者の就業環境が害されることのないよう、当該労働者からの相談に応じ、適切に対応するために必要な体制の整備その他の雇用管理上必要な措置を講じなければならない。

OECD国際教員指導環境調査 (TALIS)について

　国際的にみて、日本の教員は勤務時間が長く、他方で自己評価が低い。2014（平成26）年6月、新聞各紙にそのような見出しが躍った。これらは、経済協力開発機構（OECD）が公表した「国際教員指導環境調査（TALIS）」（2013年）の結果を受けた報道である。同調査は、学校の学習環境と教員の勤務環境に焦点を当てた第2回目の国際調査であり、初参加の日本を含め34の国と地域が参加した（第1回は2008年に実施）。

　同調査の第6章において、「指導実践、教員の信念、学級の環境」が取りまとめられている。それによれば、教員の1週間あたりの仕事にかける時間は、参加国平均が38時間であるのに対し、日本の教員は54時間で参加国最長となった。他方、教員が指導（授業）に使った時間は、参加国平均が週19時間であるのに対し、日本の教員は週18時間程度に留まっている。また、放課後のスポーツ活動など課外活動の指導にかける時間が日本の教員は週8時間となっており、参加国平均の週2時間よりきわめて多いことが報告されている。この結果から、授業以外に、具体的には一般的事務業務や課外活動の指導に多くの時間を割いている日本の教員の現状が明らかになった。

　また、同調査第7章では、「教員の自己効力感と仕事への満足度」について、「学級運営、教科指導、生徒の主体的学習参加の促進」に関する項目ごとに自ら指導においてどの程度できているか（自己効力感）が問われた。いずれの項目も、自己効力感の高い教員（「非常に良くできている」「かなりできている」と回答した教員）の割合が日本では低く（16～54％）、参加国平均（70～92％）を大幅に下回る結果となった。

　これらTALISの結果はどのように活かされるべきか。何より、教員の指導環境整備のあり方について国際的な視点を導入するために活かすべきである。教員の勤務時間の実態については、文部科学省教員勤務実態調査（2006年度）などですでに明らかであり、学校現場では経験的に自明視されていることである。しかしながら、具体的な教員定数の改善につながる政策や法制度の整備には至っていない。この理由はさまざまであろうが、教員の勤務条件について、あくまで国内的な課題として認識されていた点があるのではないだろうか。国内の他の職種に比べて教員の職場が恵まれているか否かという議論から、グローバル化の中での知識基盤社会の到来を見据え、日本の教育水準を維持するために、教員の指導環境はどのようにあるべきかという議論の枠組みの構築が急務である。TALISの成果はそのような枠組みをつくるために活用されるべきであろう。

第3章

子どもの安全・保健・福祉に関わること

1 学校保健
健康診断、健康相談

健康診断の種類、実施主体の相違に留意。健康診断の結果は児童生徒の学習指導に活かすことが重要。健康相談などの配慮も学校においては重要。

◆ 健康診断の概要

　学校においては、幼児、児童生徒（以下、児童生徒など）及び職員の健康の保持増進を図るため、健康診断、その他その保健に必要な措置が講じられなければならない。健康診断には、就学時の健康診断、定期の健康診断、臨時の健康診断の3つがある。

　就学時の健康診断は、市町村教育委員会に実施義務がある。翌学年の初めから小学校などに就学する者で、当該市区町村の区域内に住所を有する者を対象とする（学校保健安全法第11条）。また、この際に市町村教育委員会は「発達障害の早期発見に十分留意しなければならない」（発達障害者支援法第5条第2項）。

　定期の健康診断は、児童生徒などの健康診断と職員の健康診断に分けられる。児童生徒などの健康診断は、学校に実施義務があると解される（校長とする例もある）。時期は毎学年6月30日までに行う。その健康診断の結果は、指導要録に記入され、教育課程の履修の際に配慮される。また、健康診断の結果に基づき健康診断票を作成し、進学・転学の際にも適切に進学・転学先の校長に送付されなければならない。職員の健康診断は、学校の設置者に実施義務がある。時期は「学校の設置者が定める適切な時期」である。

　臨時の健康診断は、学校において感染症・食中毒の発生時、風水害などにより感染症の発生のおそれがある場合など、必要に応じて行う健康診断である。

◆ 健康相談

　学校においては、児童生徒などの心身の健康に関し、健康相談を行う（学校保健安全法第8条）。養護教諭その他の職員は、健康相談または児童生徒などの健康状態の日常的な観察により、問題がある場合には、当該児童生徒やその保護者に対して必要な指導や助言を行うものとする（同法第9条）。

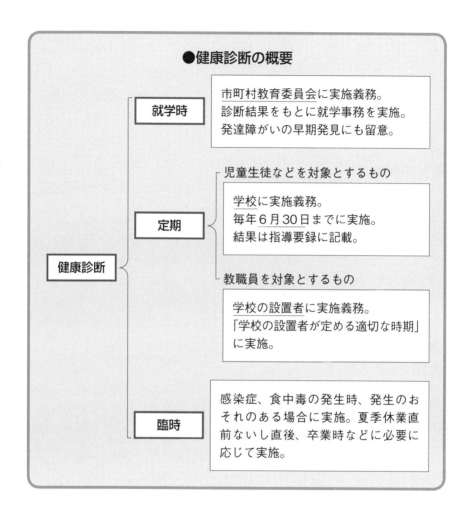

[関連する法令]

〈学校保健安全法〉
第8条 学校においては、児童生徒等の心身の健康に関し、健康相談を行うものとする。
第11条 市（特別区を含む。以下同じ。）町村の教育委員会は、学校教育法第17条第1項の規定により翌学年の初めから同項に規定する学校に就学させるべき者で、当該市町村の区域内に住所を有するものの就学に当たつて、その健康診断を行わなければならない。
第13条 学校においては、毎学年定期に、児童生徒等（略）の健康診断を行わなければならない。
2 学校においては、必要があるときは、臨時に、児童生徒等の健康診断を行うものとする。

2 学校保健
感染症の予防と対応

感染症予防のための出席停止及び臨時休業における実施主体の相違に留意。
学校における予防措置の充実が重要。

◆ 出席停止措置

　校長は、感染症にかかっており、かかっている疑いがあり、またはかかるおそれのある児童生徒などがあるときは、出席停止させることができる（学校保健安全法第19条）。出席停止の指示は、その理由及び期間を明らかにして、児童生徒などの保護者（高等学校の場合には当該生徒）に対して行い、その旨を学校の設置者に報告しなければならない。その報告は書面をもってされるものとし、①学校の名称、②出席を停止させた理由及び期間、③出席停止を指示した年月日、④出席を停止させた児童生徒などの学年別人員数、⑤その他の事項を記載することが求められる（学校保健安全法施行規則第20条）。

◆ 臨時休業措置

　学校の設置者は、感染症の予防上必要に応じて、学校の全部または一部を臨時休業にできる（学校保健安全法第20条）。なお学校の設置者は、臨時休業に伴う事務を校長に委任することができる（同法第31条）。学校の設置者は保健所に連絡をする必要がある。臨時休業中の児童生徒の生活指導・学習指導・保健指導を適切に行う。臨時休業後、授業を再開する場合には、児童生徒の欠席状況、罹病状況などを調査し、保健指導を行う必要がある。

◆ 感染症または学習に支障を生ずるおそれのある疾病の予防

　地方公共団体は、管下の小学校、中学校、中等教育学校の前期課程、特別支援学校の小学部もしくは中学部の児童生徒のうち、生活保護の要保護者あるいは準要保護者が、感染症または学習に支障を生ずるおそれのある疾病（①トラコーマ及び結膜炎、②白癬、疥癬及び膿痂疹、③中耳炎、④慢性副鼻腔炎及びアデノイド、⑤齲歯、⑥寄生虫（虫卵保有を含む））にかかり、学校において治療の指示を受けた場合には、その費用について必要な援助を行わなければならない（学校保健安全法第24条、同法施行令第8条）。

●感染症の種類

第1種	エボラ出血熱、クリミア・コンゴ出血熱、痘そう、南米出血熱、ペスト、マールブルグ病、ラッサ熱、急性灰白髄炎、ジフテリア、重症急性呼吸器症候群（病原体がベータコロナウイルス属SARSコロナウイルスであるものに限る。）、中東呼吸器症候群（病原体がベータコロナウイルス属MERSコロナウイルスであるものに限る。）及び特定鳥インフルエンザ（感染症の予防及び感染症の患者に対する医療に関する法律（平成10年法律第114号）第6条第3項第6号に規定する特定鳥インフルエンザをいう。次号及び第19条第2号イにおいて同じ。）
第2種	インフルエンザ（特定鳥インフルエンザを除く。）、百日咳、麻しん、流行性耳下腺炎、風しん、水痘、咽頭結膜熱、結核及び髄膜炎菌性髄膜炎
第3種	コレラ、細菌性赤痢、腸管出血性大腸菌感染症、腸チフス、パラチフス、流行性角結膜炎、急性出血性結膜炎その他の感染症（※）

※「その他の感染症」は、学校で通常見られないような重大な流行が起こった場合に、その感染拡大を防ぐために、必要があるときに限り、学校医の意見を聞き、校長が第三種の感染症として緊急的に措置をとることができるものとして定められているもの

●出席停止期間の例

インフルエンザ	発症した後（発熱の翌日を1日目として）5日を経過し、かつ、解熱した後2日（幼児は3日）を経過するまで
百日咳	特有の咳が消失するまで又は5日間の適正な抗菌性物質製剤による治療が終了するまで
流行性耳下腺炎（おたふくかぜ）	耳下腺、顎下腺又は舌下腺の腫脹が発現した後5日を経過し、かつ、全身状態が良好になるまで
髄膜炎菌性髄膜炎	病状により学校医等において感染のおそれがないと認めるまで

出典：文部科学省「学校において予防すべき感染症の解説」

[関連する法令]

〈学校保健安全法〉
第19条　校長は、感染症にかかっており、かかっている疑いがあり、又はかかるおそれのある児童生徒等があるときは、政令で定めるところにより、出席を停止することができる。
第20条　学校の設置者は、感染症の予防上必要があるときは、臨時に、学校の全部又は一部の休業を行うことができる。

3 学校環境衛生基準

学校保健

学校環境衛生基準に基づいた定期及び日常の環境衛生検査が重要。校長は、同基準に照らして、学校の環境改善のために必要な措置を講ずる必要がある。

◆ 学校保健計画の策定

学校においては、児童生徒、そして職員の心身の健康の保持増進を図るため、健康相談、環境衛生検査、児童生徒などに対する指導その他保健に関する事項について学校保健計画を策定し、これを実施しなければならない（学校保健安全法第5条）。このうち環境衛生検査には、毎学年定期に、学校給食法などの法令、文部科学大臣の定める学校環境衛生基準（同法第6条）に基づき行う定期検査、また、必要があるとき臨時に検査を行う臨時検査がある（同施行規則第1条）。その他、学校においては環境衛生の維持または改善を図るために日常的な点検（日常点検）が行われる（同施行規則第2条）。

◆ 学校環境衛生基準の概要

学校環境衛生基準（2009（平成21）年文部科学省告示第60号）には、具体的に以下の事項について、検査項目と達成すべき基準、そして検査方法が定められている。①教室などの環境（換気、保温、採光、照明、騒音など）、②飲料水などの水質及び施設・設備、③学校の清潔、ネズミ、衛生害虫など及び教室などの備品の管理、④水泳プール、⑤日常における環境衛生、⑥雑則（臨時に検査を行う場合の項目）。同基準を踏まえて、2010（平成22）年3月に「学校環境衛生管理マニュアル」が改訂されている。同マニュアルを踏まえて、各学校においては検査及び日常点検の充実を図らなくてはならない。

◆ 事後措置の規定

学校の設置者は、同基準に照らして、設置する学校の適切な環境の維持に努めなければならない（学校保健安全法第6条第2項）。また校長は、同基準に照らして、学校の環境衛生に関して適正を欠く事項があると認めた場合には、改善のために必要な措置を遅滞なく講じ、当該措置を講ずることができない時には当該学校の設置者に対して、その旨を申し出るものとする（同条第3項）。

●学校環境衛生基準に基づき実施されること

学校保健計画
- 健康相談
- 環境衛生検査
- 保健に関する指導その他

定期検査　臨時検査　日常点検
検査項目、方法などを学校環境衛生基準により規定
（→学校環境衛生管理マニュアル）

＝

●（例）日常点検のポイント（教室）
〈黒板〉〈机上〉明るさは十分あるか（文字・図形などがよく見えるか）。まぶしさはないか。
〈騒音〉授業を妨害する音はないか。
〈換気〉不快な刺激や臭いはないか。換気が適切に行われているか。
〈温度〉温度は適正か（冬は10℃以上、夏は30℃以下であることが望ましい）。
〈衛生害虫等〉ハエ、蚊、ゴキブリなどがいないか。

学校の設置者：同基準に照らして、学校の環境の維持に努める。
校長：同基準に照らして、学校の環境改善のために必要な措置を講ずる。
　　　そのような措置が講じられない場合には、学校の設置者に申し出る。

出典：文部科学省「学校環境衛生管理マニュアル」（平成22年3月）を基に作成

[関連する法令]

〈学校保健安全法〉
第6条　文部科学大臣は、学校における換気、採光、照明、保温、清潔保持その他環境衛生に係る事項（略）について、児童生徒等及び職員の健康を保護する上で維持されることが望ましい基準（以下この条において「学校環境衛生基準」という。）を定めるものとする。
2　学校の設置者は、学校環境衛生基準に照らしてその設置する学校の適切な環境の維持に努めなければならない。
3　校長は、学校環境衛生基準に照らし、学校の環境衛生に関し適正を欠く事項があると認めた場合には、遅滞なく、その改善のために必要な措置を講じ、又は当該措置を講ずることができないときは、当該学校の設置者に対し、その旨を申し出るものとする。

学校給食衛生管理基準

学校保健

4

学校給食衛生管理基準は、文部科学大臣が策定。校長または共同調理場の長は、同基準に照らして、衛生管理上の適正を保持する必要がある。

◆ 定義

文部科学大臣は、学校給食の実施に必要な施設・設備の整備及び管理、調理の過程における衛生管理その他の学校給食の適切な衛生管理を図る上で必要な事項について維持されることが望ましい基準を定めるものとする（学校給食法第9条第1項）。この基準を学校給食衛生管理基準という。学校給食を実施する義務教育諸学校の設置者は、学校給食衛生管理基準に照らして適切な衛生管理に努めるものとする（同条第2項）。

◆ 学校給食衛生管理基準の概要

学校給食衛生管理基準（2009（平成21）年 文部科学省告示第64号）は、右ページの表に示す項目により構成されている。このうち総則では、学校給食を実施する都道府県及び市区町村教育委員会、附属学校を設置する国立大学法人及び私立学校の設置者の責任が明記されている。これらの教育委員会などは、必要に応じて、保健所の協力などを受け、HACCP[※]の考え方に基づき、調理場ならびに学校の施設・設備に衛生管理上問題がある場合には、学校医または学校薬剤師の協力を得て速やかに改善措置を図るものとされる。

◆ 校長などの責務

義務教育諸学校の校長または共同調理場の長は、学校給食衛生管理基準に照らし、適正を欠く事項があると認めた場合には、遅れることなく、その改善のために必要な措置を講じなければならず、そのような措置を講ずることができない場合には、学校もしくは共同調理場の設置者に対して申し出を行わなくてはならない（学校給食法第9条第3項）。

●学校給食の衛生管理

学校給食衛生管理基準

学校給食の実施に必要な施設・設備の整備・管理や調理の過程における衛生管理、その他の衛生管理を図る上で必要な事項について維持されることが望ましい基準を策定したもの。
文部科学大臣が策定。

項目
「総則」
「学校給食施設及び設備の整備及び管理に係る衛生基準」
「調理の過程等における衛生管理に関する衛生管理基準」
「衛生管理体制に係る衛生管理基準」
「日常及び臨時の衛生検査」
「雑則」

校長または共同調理場の長
　同基準に照らして、衛生管理上適正を欠く場合には、措置を講ずる。そのような措置が講じられない場合には、学校もしくは共同調理場の設置者に申し出る。

出典:文部科学省「学校給食衛生管理基準の施行について(通知)」(平成21年4月1日)

※ HACCPとは、Hazard Analysis and Critical Control Point(危害分析・重要管理点方式)の略称で、国連食糧農業機関(FAO)と世界保健機関(WHO)の合同食品規格委員会(コーデックス委員会)総会において採択された衛生管理の手法。コーデックス委員会により「HACCP(危害分析・重要管理点方式)とその適用に関するガイドライン」が示されている。

[関連する法令]

〈学校給食法〉
第9条　文部科学大臣は、学校給食の実施に必要な施設及び設備の整備及び管理、調理の過程における衛生管理その他の学校給食の適切な衛生管理を図る上で必要な事項について維持されることが望ましい基準(以下この条において「学校給食衛生管理基準」という。)を定めるものとする。
3　義務教育諸学校の校長又は共同調理場の長は、学校給食衛生管理基準に照らし、衛生管理上適正を欠く事項があると認めた場合には、遅滞なく、その改善のために必要な措置を講じ、又は当該措置を講ずることができないときは、当該義務教育諸学校若しくは共同調理場の設置者に対し、その旨を申し出るものとする。

5 学校保健

学校におけるアレルギー疾患に関する取組

学校給食における痛ましい事故を教訓に学校でのアレルギー疾患対策関連研修の充実化が図られる。アレルギー疾患対策基本法にも留意。

◆「食物アレルギー」への対応

　文部科学省が実施した「学校生活における健康管理による調査」（中間報告2013（平成25）年12月）によると、2013（平成25）年8月現在、公立の小中高校の児童・生徒のうち全体の4.5％が「食物アレルギー」とされた。「食物アレルギー」とされる児童生徒の割合が増加している一方、多くの学校での取組が低調であることが指摘されており、校内体制の整備や関連機関との連携構築が求められる。

　食物アレルギーの緊急対応については、アナフィラキシーショック（アレルギー反応により生ずる急性の重篤な症状）を緩和する自己注射薬（エピペン®）の使用や給食での対応が必要な児童生徒について「学校生活管理指導表（診断に基づいて医師が記入）」の提出などに関して、各自治体においてマニュアル化が進められている。

◆ アレルギー疾患対策基本法の制定

　上述のような研修の充実に関連し、アレルギー疾患対策基本法が成立した（2014（平成26）年6月）。同法において、学校の設置者等は、「国及び地方公共団体が講ずるアレルギー疾患の重症化の予防及び症状の軽減に関する啓発及び知識の普及等の施策に協力するよう努めるとともに、その設置し又は管理する学校等において、アレルギー疾患を有する児童（略）に対し、適切な医療的、福祉的又は教育的配慮をするよう努めなければならない」（第9条）ことが規定されている。同法の下、このような配慮を可能とする各種研修の充実化や実質化が求められている。

●今後の学校における食物アレルギー対応推進体制について

国や関連省庁による指導・フォローアップ、通知

医師会等 ⇔ 教育委員会 ⇔ 消防
　　　　連携　　　　　　連携

区域内における関係機関の連携体制の構築
（アレルギー対応方針の作成、専門医への
相談体制の構築、研修の充実など）

指導・支援
フォローアップ ↓　　　↑ 情報提供

学　　校
・アレルギー対応に関する校内委員会の設置
・アレルギー対応食に対して、献立作成から配膳までのチェック体制の構築
・緊急時を想定した実践的な研修の充実

出典：文部科学省「今後の学校における食物アレルギー対応について（通知）」（平成26年3月26日）
添付資料より抜粋して作成

[関連する法令]

〈アレルギー疾患対策基本法〉
第9条　学校、児童福祉施設、老人福祉施設、障害者支援施設その他自ら十分に療養に関し必要な行為を行うことができない児童、高齢者又は障害者が居住し又は滞在する施設（以下「学校等」という。）の設置者又は管理者は、国及び地方公共団体が講ずるアレルギー疾患の重症化の予防及び症状の軽減に関する啓発及び知識の普及等の施策に協力するよう努めるとともに、その設置し又は管理する学校等において、アレルギー疾患を有する児童、高齢者又は障害者に対し、適切な医療的、福祉的又は教育的配慮をするよう努めなければならない。

第3章　子どもの安全・保健・福祉に関わること

1 学校安全

危機管理マニュアル（危険等発生時対処要領）の作成と見直し

対処から通常体制への復旧までの具体的手順を策定し、教員への研修実施等実効性を高めることが重要。

◆ 危機管理マニュアル

　危機管理マニュアルとは学校保健安全法に規定される「学校安全計画」と「危険等発生時対処要領」に相当するものであり、学校にその作成が義務づけられているものである。このマニュアルは学校の実態に応じて作成されるものであるが、各学校の危機管理を支援するとともに、国レベルや地域全体の指針や方向性を示すために、文部科学省や都道府県教育委員会等でも指針・計画やマニュアルが作成され公表されている。

◆ 学校における危機管理

　学校において想定される危機現象は学校内の教員の配置状況、児童生徒数や施設設備の状況の変化、周辺環境の変化や災害の状況、国際情勢によっても変化してきており、近年では津波、竜巻、全国瞬時警報システム（Jアラート）、インターネット上の犯罪被害など新しい事態への対応も求められ、危機管理マニュアルの見直しが必要になる。この見直しを支援するため、『学校防災マニュアル（地震・津波災害）作成の手引き』（文部科学省、2012（平成24）年）、『学校の危機管理マニュアル作成の手引』（同、2018（平成30）年）などが公表されている。

◆ 学校における危機管理体制

　各学校では、作成した危機管理マニュアルに基づき、教育委員会から支援や家庭・地域、関係機関等と連携して、機能的かつ実践的な体制作りが求められる。校長等のリーダーシップの下、学校安全に関する研修の実施、危機管理マニュアルに基づいた全教職員による役割分担や共通理解の形成が求められる。

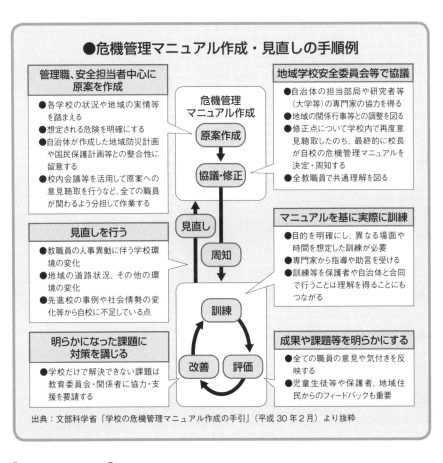

[関連する法令]

〈学校保健安全法〉

第28条 校長は、当該学校の施設又は設備について、児童生徒等の安全の確保を図る上で支障となる事項があると認めた場合には、遅滞なく、その改善を図るために必要な措置を講じ、又は当該措置を講ずることができないときは、当該学校の設置者に対し、その旨を申し出るものとする。

第29条 学校においては、児童生徒等の安全の確保を図るため、当該学校の実情に応じて、危険等発生時において当該学校の職員がとるべき措置の具体的内容及び手順を定めた対処要領(次項において「危険等発生時対処要領」という。)を作成するものとする。

2　校長は、危険等発生時対処要領の職員に対する周知、訓練の実施その他の危険等発生時において職員が適切に対処するために必要な措置を講ずるものとする。

3　学校においては、事故等により児童生徒等に危害が生じた場合において、当該児童生徒等及び当該事故等により心理的外傷その他の心身の健康に対する影響を受けた児童生徒等その他の関係者の心身の健康を回復させるため、これらの者に対して必要な支援を行うものとする。この場合においては、第10条の規定を準用する。

2 学校安全

学校事故と災害給付

学校事故発生時の対応はスピードと適切性が重要。管理職の基礎知識習得と学校での対処マニュアルは必須。

◆ 学校事故

　学校事故とは、学校での教育活動に伴い児童生徒に負傷、死亡等の被害が生じることをいい、学校の教育活動に伴い発生したもの(職員の故意または過失によるもの、児童生徒間で生じたもの)と、学校の施設設備の使用に伴い生じたもの(施設設備の瑕疵)に大別できる。

　学校事故の範囲は、学校の建物内をはじめ敷地内で生じた事故は当然のことながら、修学旅行や校外学習など教育活動に伴い生じた事故であれば学校の敷地の内外を問わない。

◆ 学校事故への対応

　学校の管理者と校長等は学校事故の防止に日ごろから注意を払うことが求められるが、事故が発生した場合、それへの適切な対応が求められる。被害児童生徒への処置、保護者への連絡、事故の状況把握と記録、教育委員会への報告などが挙げられる。

◆ 災害給付

　学校事故が生じ、児童生徒が負傷等を負った場合、独立行政法人日本スポーツ振興センターによる災害共済給付が行われる。具体的には、医療費、障害見舞金または死亡見舞金が学校設置者を経て保護者に支払われる(独立行政法人日本スポーツ振興センター法施行令第2条〜5条)。

　この災害共済給付制度への加入は、学校の設置者が保護者の同意を得た上で、センターとの間に災害共済給付契約を結ぶことによってなされる。掛け金は保護者と設置者が負担している(負担割合は学校種によって異なる)。

　また、給付請求は、保護者から医療費に関する証明を学校に提出し、受領した学校はインターネット上にある災害給付オンライン請求システムに情報入力をして手続きを進めることになっている。

●給付の対象となる災害の範囲と給付金額

災害の種類	災害の範囲
負傷	学校の管理下の事由によるもので、療養に要する費用の額が5,000円以上のもの
疾病	学校の管理下の事由によるもので、療養に要する費用の額が5,000円以上のもののうち、文部科学省令で定めるもの （例）学校給食等による中毒・ガス等による中毒、熱中症、溺水、異物の嚥下又は迷入による疾病、漆等による皮膚炎、外部衝撃等による疾病、負傷による疾病
障害	学校の管理下の負傷及び上欄の疾病が治った後に残った障害で、その程度により、1級から14級に区分される
死亡	学校の管理下の事由による死亡及び上欄の疾病に直接起因する死亡、突然死

●学校の管理下となる範囲

学校の管理下となる場合	例
学校が編成した教育課程に基づく授業を受けている場合	各教科（科目）、道徳、自立活動、総合的な学習時間、幼稚園における保育中、特別活動中
学校の教育計画に基づく課外指導を受けている場合	部活動、林間学校、臨海学校、夏休みの水泳指導、生徒指導、進路指導など
休憩時間に学校にある場合、その他校長の指示又は承認に基づいて学校にある場合	始業前、業間休み、昼休み、放課後
通常の経路及び方法により通学する場合	登校（登園）中、下校（降園）中
学校外で授業等が行われるとき、その場所、集合・解散場所と住居・寄宿舎との間の合理的な経路、方法による往復中	鉄道の駅で集合、解散が行われる場合の駅と住居との間の往復中など
学校の寄宿舎にあるとき	

出典：独立行政法人日本スポーツ振興センター「災害給付金制度について―給付対象範囲」を基に作成

第3章　子どもの安全・保健・福祉に関わること　175

3 学校安全

公立学校での学校事故と損害賠償

教職員には児童生徒に対する安全配慮義務があり、これが果たされなかった場合は、学校の設置者に損害を賠償する責任が生じる。

◆ 学校事故と損害賠償請求

　学校の事故対応、その後の事故に関する調査結果説明、改善策の方法や内容に対して被害児童生徒やその保護者が不満を持った場合、また、被害児童生徒に障害が残ったり、死亡にいたるなど重大な結果となり、独立行政法人日本スポーツ振興センターによる災害給付で損害が回復されない場合には、保護者が民事裁判を起こし、事故に関する事実の究明や責任の所在の明確化、損害の回復を求めることがある。

◆ 安全配慮義務

　学校の教職員には、児童生徒の安全に配慮する義務がある（安全配慮義務、安全保持義務などという）。学校がこの義務を怠り、学校事故が生じて児童生徒が死傷するなどに至った場合、被害児童生徒やその保護者から、その事故によって生じた損害の賠償を求められることがある。この損害賠償請求は、国家賠償法や民法の規定に基づいて行われ、裁判では、安全配慮義務が十分果たされていたかが論点となる。すなわち、学校生活のなかでの児童生徒の様子、生徒間関係の実態、施設設備の状態などから、事故が起こりうることがあらかじめ予見できる場合は、校長を中心に教職員は、事故を回避するために適切な児童生徒への指導や施設設備の改善を行わなければならず、これを怠った場合、損害賠償という民事上の責任が生じることになる。

◆ 損害賠償請求

　なお、民事裁判では損害賠償請請求の対象は教職員や学校の設置者となるが、損害賠償請求訴訟は生命や身体に生じた損害を金銭賠償によって補塡することが目的であるため、十分な賠償能力を有する地方公共団体が請求対象とされることが多く、仮に教職員が請求対象となった場合でも、国家賠償法の規定適用により、判例では教職員個人が賠償の責を負う例はほとんどみられない。

●事例による損害賠償請求の理解

事例	解説	備考
公立学校での授業中の体罰により負傷したので、体罰を行った教員に損害賠償請求を行う。	国家賠償法第1条により学校の設置者である国や地方公共団体に損害賠償請求を行うことになる。	体罰を行った教員は損害賠償請求に直接応じることはほとんどないが、任命権者による懲戒処分の対象となることや傷害罪などの刑事上の責任が問われる可能性がある。
公立学校で、校庭のバスケットボールゴールポストが倒れ下敷きになり、大けがをしたので損害賠償請求を行う。	国家賠償法第2条により学校の設置者である国や地方公共団体に損害賠償を行うことになる。	ただし、児童生徒が固定しているボルトを抜いた上でぶら下がっていた場合など、被害児童生徒にも相応の責任が認められることもありうる。
休憩時間の子どもどうしのけんかで大けがをしたので、学校と同時にけんか相手の児童生徒にも損害賠償請求を行う。	民法第709条により児童生徒の責任を問うことができるが、賠償能力の問題から加害児童生徒の監護責任者としてのその保護者を請求対象としていく。	児童生徒間の事故の場合、学校の責任とともに、加害児童生徒やその保護者の責任について議論されることが多い。

[関連する法令]

〈国家賠償法〉
第1条　国又は公共団体の公権力の行使に当る公務員が、その職務を行うについて、故意又は過失によつて違法に他人に損害を加えたときは、国又は公共団体が、これを賠償する責に任ずる。
② 前項の場合において、公務員に故意又は重大な過失があつたときは、国又は公共団体は、その公務員に対して求償権を有する。
第2条　道路、河川その他の公の営造物の設置又は管理に瑕疵があつたために他人に損害を生じたときは、国又は公共団体は、これを賠償する責に任ずる。

4 いじめへの組織的対応

学校安全

いじめに対する教員間の共通認識の形成といじめの解決のための全校的な取組を志向した体制の構築が重要。

◆ いじめへの認識

いじめについては、それを未然に防ぐ予防が重要であり、いじめを許さない学級経営を行うべきである。また、この発生については、その件数の多寡に関わらず、いかに迅速で適切な対応を行い、その悪化や拡大を防止し、当該児童生徒が安心して学校生活を送れるような真の解決に結びつけることができるかが重要になる。各学校と教育委員会は、相互の連絡・報告を緊密にしながら、いじめの発生についてきめ細かな状況把握を行い、適切な対応に努めなければならない。

◆ 指導体制の確立と組織的対応

学校の責任者である校長はいじめをなくすことについてリーダーシップを発揮し、教職員の役割分担や責任の明確化を図るとともに、教職員全体の密接な情報交換によりいじめに対する共通認識を図りつつ、全教職員が一致協力して指導に取り組む実効性ある体制を確立する必要がある。

いじめの発見や一次対応は学級担任などが行うことが多いが、いじめの発見や訴えがあった場合、校長、副校長、教頭、生徒指導主事等は、学級担任等からすぐに情報提供を受けるとともに、学級担任に対して対応を指示するなど、学級担任がひとりでいじめへの対応や問題を抱え込むことを防止する必要がある。このために、担任等から当該事案に関する報告を逐次受け、相談に乗ったり指示を与えたりしながら、その解決に至るまで適切にフォローすることが求められる。

なお、平成25年にはいじめ防止対策推進法が施行され、各教育委員会や学校において「いじめ防止基本方針」の策定が求められるなどより組織的、計画的ないじめへの体制作りが求められている。

●いじめの防止等に関する措置

いじめ防止対策推進法（平成25年施行）

学校におけるいじめの防止等の対策のための組織 第22条	学校は、当該学校におけるいじめの防止等に関する措置を実効的に行うため、当該学校の複数の教職員、心理、福祉等に関する専門的な知識を有する者その他の関係者により構成されるいじめの防止等の対策のための組織を置くものとする。
いじめに対する措置 第23条	2　学校は、（中略）通報を受けたときその他当該学校に在籍する児童等がいじめを受けていると思われるときは、速やかに、当該児童等に係るいじめの事実の有無の確認を行うための措置を講ずるとともに、その結果を当該学校の設置者に報告するものとする。
	3　学校は、（中略）事実の確認によりいじめがあったことが確認された場合には、いじめをやめさせ、及びその再発を防止するため、当該学校の複数の教職員によって、心理、福祉等に関する専門的な知識を有する者の協力を得つつ、いじめを受けた児童等又はその保護者に対する支援及びいじめを行った児童等に対する指導又はその保護者に対する助言を継続的に行うものとする。
	4　学校は、（中略）必要があると認めるときは、いじめを行った児童等についていじめを受けた児童等が使用する教室以外の場所において学習を行わせる等いじめを受けた児童等その他の児童等が安心して教育を受けられるようにするために必要な措置を講ずるものとする。
	5　学校は、（中略）いじめを受けた児童等の保護者といじめを行った児童等の保護者との間で争いが起きることのないよう、いじめの事案に係る情報をこれらの保護者と共有するための措置その他の必要な措置を講ずるものとする。
	6　学校は、いじめが犯罪行為として取り扱われるべきものであると認めるときは所轄警察署と連携してこれに対処するものとし、当該学校に在籍する児童等の生命、身体又は財産に重大な被害が生じるおそれがあるときは直ちに所轄警察署に通報し、適切に、援助を求めなければならない。
校長及び教員による懲戒 第25条	校長及び教員は、当該学校に在籍する児童等がいじめを行っている場合であって教育上必要があると認めるときは、学校教育法（中略）の規定に基づき、適切に、当該児童等に対して懲戒を加えるものとする。
出席停止制度の適切な運用等 第26条	市町村の教育委員会は、いじめを行った児童等の保護者に対して学校教育法（中略）の規定に基づき当該児童等の出席停止を命ずる等、いじめを受けた児童等その他の児童等が安心して教育を受けられるようにするために必要な措置を速やかに講ずるものとする。

5 学校安全

安全、安心なインターネットの利用

インターネットと児童生徒を取り巻く環境への正しい認識形成と、情報活用能力と情報モラルの形成に関する知識の習得が鍵。

◆ インターネットやメールに関する問題状況

メールの送受信を始め、インターネット上の掲示板、ゲームサイト、ソーシャルネットワーキングサービス（SNS）などは情報交換に優れた機能を有する反面、犯罪やトラブルに巻き込まれる原因や、いじめの手段にもなってきている。このことは「学校における携帯電話の取扱い等について（通知）」（文部科学省、2009（平成21）年1月30日）により各学校に周知された。

◆ 学習指導要領と情報教育

平成29年告示小学校学習指導要領では、プログラミングの体験や論理的思考を身につけることが盛り込まれ、情報活用能力の育成がより重要視されるようになっている。情報機器の操作、情報セキュリティ、統計等の知識に加え、情報モラルも情報活用能力に含まれ、各教科を含む学習全体の基盤となる資質能力のひとつとして位置づけられる。

ここでいう情報モラルとは「情報社会で適正な活動を行うための基になる考え方と態度」（文部科学省『小学校学習指導要領解説総則編』平成29年）であり、他者への影響を考慮すること、情報の取り扱いに責任を持つこと、犯罪などの危険を回避するための利用方法など多岐にわたり、これらの指導は道徳科や特別活動のみで実施するのではなく、各教科、生徒指導との連携も重要となってくる。

◆ インターネット上のいじめに対する対策

いじめ防止対策推進法では、学校は、児童生徒や保護者がインターネットを通じて行われるいじめを防止し効果的に対処するための啓発活動を行うことが規定され（第19条）、また、インターネットを通じていじめが行われた場合、いじめ被害者や保護者が、情報の削除を求めたり発信者情報の開示を請求するときは、法務局等の協力を求めることができることも規定された（同条3項）。

●文部科学省による情報モラル教育に関するガイドライン

資料名と公表時期	概要
「情報モラル指導モデルカリキュラム」 2007(平成19)年5月	学校における情報モラル教育を体系的に推進するため、情報モラルの指導内容を5つの分類に整理し、それぞれの分類ごとに、児童生徒の発達段階に応じて大目標・中目標レベルの指導目標を設定。
「情報モラル指導実践キックオフガイド」 2007(平成19)年3月	情報モラル指導のポイントや、「情報モラル指導モデルカリキュラム」の内容について解説し、簡単に理解できる実践事例も数多く紹介した、情報モラル指導の実践のためのガイドブック。
「情報モラル指導セミナー 5分でわかる情報モラル」 2007(平成19)年10月	情報モラル教育の必要性と教育全体での位置付け、指導方法などを、約5分間の映像でわかりやすく紹介したサイトを作成し、ビデオ教材や研修用プレゼン資料を提供。
「情報モラル指導ポータルサイト」 2008(平成20)年7月	教員が手軽にアクセスし情報モラル指導の参考とするため、上記モデルカリキュラムを含め、情報モラルの指導実践事例や指導に役立つリンク集などを紹介するポータルサイト（やってみよう情報モラル教育）を公開。
「情報モラル指導者研修ハンドブック」 2010(平成22)年1月	情報モラル教育に関する喫緊の課題を中心に、情報モラル教育の指導者を育成するための研修用テキストや教材等を提供。

出典：文部科学省「教育の情報化に関する手引」（平成22年10月）より

[関連する法令]

〈青少年が安全に安心してインターネットを利用できる環境の整備等に関する法律〉
第3条　青少年が安全に安心してインターネットを利用できるようにするための施策は、青少年自らが、主体的に情報通信機器を使い、インターネットにおいて流通する情報を適切に取捨選択して利用するとともに、適切にインターネットによる情報発信を行う能力（以下「インターネットを適切に活用する能力」という。）を習得することを旨として行われなければならない。（以下略）
第9条　国及び地方公共団体は、青少年がインターネットを適切に活用する能力を習得することができるよう、学校教育、社会教育及び家庭教育におけるインターネットの適切な利用に関する教育の推進に必要な施策を講ずるものとする。（以下略）

特別支援学校の
センター的機能

特別支援教育・就学への支援

特別支援教育推進の中核的役割を担う特別支援学校。
学校の実情に応じた支援体制の構築、関係諸機関との連携が重要。

◆ 特別支援学校の設置

　障害の重度・重複化や多様化等を背景として、2003（平成15）年3月の「今後の特別支援教育の在り方について（最終報告）」は、障害の程度等に応じ特別の場で指導を行う「特殊教育」から障害のある児童生徒一人ひとりの教育的ニーズに応じて適切な教育的支援を行う「特別支援教育」への転換を提言した。その推進の、中核的役割を担うのが「特別支援学校」である。特別支援学校は、教育上の高い専門性を活かしながら、小・中学校を支援し、地域の特別支援教育のセンターとしての機能を発揮することが求められている。

◆ センター的機能の内容

　学校教育法第74条は特別支援学校のセンター的機能について規定しているが、2005（平成17）年12月の中教審答申「特別支援教育を推進するための制度の在り方について」は、その機能として次の6つを例示している。①小・中学校等の教員への支援機能、②特別支援教育等に関する相談・情報提供機能、③障害のある幼児児童生徒への指導・支援機能、④福祉、医療、労働などの関係機関等との連絡・調整機能、⑤小・中学校等の教員に対する研修協力機能、⑥障害のある幼児児童生徒への施設設備等の提供機能。なお、「答申」は、すべての学校が「制度的に一律の機能を担うこととするのは現実的でなく、各学校の実情に応じて弾力的に対応できるようにすることが適当」としている。

◆ 体制整備の必要性

　センター的機能が有効に発揮されるためには、学校間さらには教育委員会をはじめとする関係行政機関等との連携が重要になる。また、高い専門性を有する教員を適切に養成・配置することや、センター的機能のための分掌・組織を設けて学校内の組織体制の明確化を図ることなどが望まれる（近年における校内体制の整備状況については右図参照）。

●特別支援学校とそのセンター的機能

特別支援学校 学校と関連諸機関を結ぶセンター的機能

【目的】(学校教育法第72条)

視覚障害者、聴覚障害者、知的障害者、肢体不自由者又は病弱者(身体虚弱者を含む。以下同じ。)に対して、幼稚園、小学校、中学校又は高等学校に準ずる教育を施すとともに、障害による学習上又は生活上の困難を克服し自立を図るために必要な知識技能を授けること

助言・援助
(教員への支援、研修協力、相談・情報提供、児童生徒への指導・支援、施設設備等の提供など)

↓

幼稚園・小学校・中学校・義務教育学校・高等学校・中等教育学校

連携
(連絡・調整など)

福祉・医療・労働関係機関など

●特別支援学校における校内体制の整備

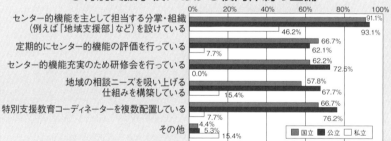

項目	国立	公立	私立
センター的機能を主として担当する分掌・組織(例えば「地域支援部」など)を設けている	46.2%	91.1%	93.1%
定期的にセンター的機能の評価を行っている	7.7%	66.7%	62.1%
センター的機能充実のため研修会を行っている	0.0%	62.2%	72.5%
地域の相談ニーズを吸い上げる仕組みを構築している	15.4%	57.8%	67.7%
特別支援教育コーディネーターを複数配置している	7.7%	66.7%	76.2%
その他	15.4%	4.4%	5.3%

出典：文部科学省初等中等教育局特別支援教育課「平成27年度特別支援学校のセンター的機能の取組に関する状況調査について」(平成29年3月)より

[関連する法令]

〈学校教育法〉
第74条　特別支援学校においては、第72条に規定する目的を実現するための教育を行うほか、幼稚園、小学校、中学校、義務教育学校、高等学校又は中等教育学校の要請に応じて、第81条第1項に規定する幼児、児童又は生徒の教育に関し必要な助言又は援助を行うよう努めるものとする。

第81条　幼稚園、小学校、中学校、義務教育学校、高等学校及び中等教育学校においては、次項各号のいずれかに該当する幼児、児童及び生徒その他教育上特別の支援を必要とする幼児、児童及び生徒に対し、文部科学大臣の定めるところにより、障害による学習上又は生活上の困難を克服するための教育を行うものとする。

2 認定特別支援学校就学者の入学

特別支援教育・就学への支援

障害をもつ児童生徒の就学先は教育的ニーズなどを十分に踏まえて決定。
本人や保護者の意見を最大限尊重することが求められる。

◆ 認定特別支援学校就学者とは

　従来、学校教育法施行令に規定されている障害の程度（右表参照）に該当する児童生徒は特別支援学校への就学を原則とし、小・中学校で適切な教育を受けることができる特別な事情があると市町村教育委員会が認める場合には、「認定就学者」として、小・中学校への就学も可能とされてきた。しかし、2012（平成24）年7月の中教審初等中等教育分科会報告「共生社会の形成に向けたインクルーシブ教育システム構築のための特別支援教育の推進」（以下、「報告」）は、この仕組みを改め、障害の状態や本人の教育的ニーズ、本人・保護者・専門家の意見、学校・地域の状況等を踏まえた総合的な観点から就学先を決定するしくみとすることが適当との見解を示した。

　この「報告」等を踏まえ、2013（平成25）年8月には学校教育法施行令が改正され、認定就学者制度は廃止された。そして、障害の状態、教育上必要な支援の内容、地域の教育体制の整備状況等を勘案し、市町村教育委員会が特別支援学校に就学させることが適当と認める者だけを「認定特別支援学校就学者」とし、特別支援学校に就学させることとした（同施行令第5条第1項）。

◆ 保護者及び専門家に対する意見聴取

　「報告」は障害をもつ児童生徒の就学について、「本人・保護者の意見を最大限尊重し、本人・保護者と市町村教育委員会、学校等が教育的ニーズと必要な支援について合意形成を行うことを原則」としている。この考え方を前提として、学校教育法施行令では「市町村の教育委員会は、児童生徒等のうち視覚障害者等について、小学校、中学校又は特別支援学校への就学又は転学に係る通知をしようとするときは、その保護者及び教育学、医学、心理学その他の障害のある児童生徒等の就学に関する専門的知識を有する者の意見を聴くものとする」と規定している（同施行令第18条の2）。

●障害の程度（学校教育法施行令第22条の3）

区分	障害の程度
視覚障害者	両眼の視力がおおむね0.3未満のもの又は視力以外の視機能障害が高度のもののうち、拡大鏡等の使用によつても通常の文字、図形等の視覚による認識が不可能又は著しく困難な程度のもの
聴覚障害者	両耳の聴力レベルがおおむね60デシベル以上のもののうち、補聴器等の使用によつても通常の話声を解することが不可能又は著しく困難な程度のもの
知的障害者	一 知的発達の遅滞があり、他人との意思疎通が困難で日常生活を営むのに頻繁に援助を必要とする程度のもの 二 知的発達の遅滞の程度が前号に掲げる程度に達しないもののうち、社会生活への適応が著しく困難なもの
肢体不自由者	一 肢体不自由の状態が補装具の使用によつても歩行、筆記等日常生活における基本的な動作が不可能又は困難な程度のもの 二 肢体不自由の状態が前号に掲げる程度に達しないもののうち、常時の医学的観察指導を必要とする程度のもの
病弱者	一 慢性の呼吸器疾患、腎臓疾患及び神経疾患、悪性新生物その他の疾患の状態が継続して医療又は生活規制を必要とする程度のもの 二 身体虚弱の状態が継続して生活規制を必要とする程度のもの

備考
一 視力の測定は万国式試視力表によるものとし、屈折異常があるものについては、矯正視力によつて測定する。
二 聴力の測定は、日本工業規格によるオージオメータによる。

[関連する法令]

〈学校教育法施行令〉
第5条　市町村の教育委員会は、就学予定者（法第17条第1項又は第2項の規定により、翌学年の初めから小学校、中学校、義務教育学校、中等教育学校又は特別支援学校に就学させるべき者をいう。以下同じ。）のうち、認定特別支援学校就学者（視覚障害者、聴覚障害者、知的障害者、肢体不自由者又は病弱者（身体虚弱者を含む。）で、その障害が、第22条の3の表に規定する程度のもの（以下「視覚障害者等」という。）のうち、当該市町村の教育委員会が、その者の障害の状態、その者の教育上必要な支援の内容、地域における教育の体制の整備の状況その他の事情を勘案して、その住所の存する都道府県の設置する特別支援学校に就学させることが適当であると認める者をいう。以下同じ。）以外の者について、その保護者に対し、翌学年の初めから2月前までに、小学校、中学校又は義務教育学校の入学期日を通知しなければならない。

3 学校におけるバリアフリー

特別支援教育・就学への支援

ノーマライゼーションの理念の下に進展するバリアフリー。
特別支援教育の推進に伴い、学校施設のバリアフリー化は急務。

◆ バリアフリー化の必要性

　近年、学校には、障害のある児童生徒の自立や社会参加に向けた主体的な取組を支援する体制の整備が求められている。特別支援教育の推進に伴い、今後は一般の学校にも多様な障害をもつ児童生徒が多く通うことになろう。子どもたちが支障なく学校生活を送るために、学校のバリアフリー化の推進は急務である。また、学校は地域住民の生涯学習の場、地域コミュニティの拠点、災害時の避難場所といった役割も果たしている。障害者や高齢者を含む多様な人々が学校を利用するという点でも、バリアフリー化は重要である。

◆ バリアフリー化の推進施策

　学校施設がバリアフリー化の努力義務の対象として位置づけられたのは、2002（平成14）年7月の「高齢者、身体障害者等が円滑に利用できる特定建築物の建築の促進に関する法律」の一部改正においてである。同年12月には「障害者基本計画」が閣議決定され、学校施設のバリアフリー化が求められた。2004（平成16）年3月には、「学校施設のバリアフリー化等に関する調査研究協力者会議」が最終報告を提出。文部科学省はこの報告に基づき、「学校施設バリアフリー化推進指針」を策定した。

◆ 障害者基本法の改正と「障害者差別解消法」の施行

　2004（平成16）年6月には、障害者の自立及び社会参加の支援等の施策について定めた障害者基本法が大幅に改正され、国及び地方公共団体による公共的施設のバリアフリー化の計画的推進などが規定された。また、2016（平成28）年4月施行の「障害を理由とする差別の解消の推進に関する法律」（障害者差別解消法）は、障害者が社会的障壁の除去を必要としている場合、事業者がその実施について必要かつ合理的な配慮を行うこと（合理的配慮の提供）を求めている。学校のバリアフリー化はその主要な取組の一つである。

●学校施設のバリアフリー化推進施策

2002（平成14）年 7月：「高齢者、身体障害者等が円滑に利用できる特定建築物の建築の促進に関する法律」一部改正
　　　　　　　　12月：「障害者基本計画」閣議決定
2004（平成16）年 3月：「学校施設バリアフリー化推進指針」策定
　　　　　　　　7月：「障害者基本法」改正
2016（平成28）年 4月：「障害者差別解消法」施行

●学校施設のバリアフリー化等の推進に関する基本的な考え方

＊「学校施設バリアフリー化推進指針」

1　学校施設のバリアフリー化等の視点
（1）障害のある児童生徒等が安全かつ円滑に学校生活を送ることができるように配慮
（2）学校施設のバリアフリー化等の教育的な意義に配慮
（3）運営面でのサポート体制等との連携を考慮
（4）地域住民の学校教育への参加と生涯学習の場としての利用を考慮
（5）災害時の応急避難場所となることを考慮
2　既存学校施設のバリアフリー化の推進
（1）関係者の参画と理解・合意の形成
（2）バリアフリー化に関する合理的な整備計画の策定
（3）計画的なバリアフリー化に関する整備の実施

[関連する法令]

〈障害者基本法〉
第21条　国及び地方公共団体は、障害者の利用の便宜を図ることによって障害者の自立及び社会参加を支援するため、自ら設置する官公庁施設、交通施設（車両、船舶、航空機等の移動施設を含む。次項において同じ。）その他の公共的施設について、障害者が円滑に利用できるような施設の構造及び設備の整備等の計画的推進を図らなければならない。
3　国及び地方公共団体は、前二項の規定により行われる公共的施設の構造及び設備の整備等が総合的かつ計画的に推進されるようにするため、必要な施策を講じなければならない。

4 特別支援教育・就学への支援
発達障害者への支援

学校教育における発達障害者の支援等について定めた発達障害者支援法。
各学校は、同法の趣旨を踏まえて適切な指導・対応を。

◆ 発達障害者支援法の制定

従来、発達障害については障害者福祉制度の谷間に置かれ、他の障害と比べて教育・福祉等の分野で十分な対応がなされてこなかった。このような事情から、発達障害への理解促進、発達障害者の生活支援等をねらいとして、2004（平成16）年12月に発達障害者支援法が制定された。同法は、発達障害の定義、国及び地方公共団体の責務、国民の責務、早期発見及び早期支援の必要性、学校教育における発達障害者への支援等について定めている。

◆ 発達障害の定義

発達障害者支援法によれば、発達障害とは、「自閉症、アスペルガー症候群その他の広汎性発達障害、学習障害、注意欠陥多動性障害その他これに類する脳機能の障害であってその症状が通常低年齢において発現するものとして政令で定めるもの」のことである。また、「発達障害者」とは発達障害や社会的障壁のために日常生活または社会生活に制限を受ける者、「発達障害児」とはそのうち18才未満の者のことをいう。

◆ 学校における発達障害児への支援

発達障害者支援法の施行に伴い、文部科学省は2005（平成17）年4月に「発達障害のある児童生徒等への支援について」を都道府県教育委員会等に通知した。この通知では、「学校における発達障害のある幼児児童生徒への支援」のための取組として、①「教育委員会における専門家チームの設置及び巡回相談の実施」、②「小学校等における校内の体制整備」、③小学校等における「個別の指導計画」及び「個別の教育支援計画」の作成、などが挙げられている。ほかにも、「就労の支援」「発達障害のある児童生徒等の権利擁護」「関係部局の連携」等が指摘されており、各学校では、同通知の内容を参考にしながら、適切な対応をとることが求められる。

●発達障害とその支援

発達障害

「自閉症、アスペルガー症候群その他の広汎性発達障害、学習障害、注意欠陥多動性障害その他これに類する脳機能の障害であってその症状が通常低年齢において発現するものとして政令で定めるもの」（発達障害者支援法第2条第1項）

発達障害者に対する早期の**発達支援**の重要性

発達障害者に対し、その心理機能の適正な発達を支援し、及び円滑な社会生活を促進するため行う個々の発達障害者の特性に対応した医療的、福祉的及び教育的援助
（発達障害者支援法第2条第4項）

学校教育における発達障害者への支援

「国及び地方公共団体は、発達障害児（中略）が、その年齢及び能力に応じ、かつ、その特性を踏まえた十分な教育を受けられるようにするため、可能な限り発達障害児が発達障害児でない児童と共に教育を受けられるよう配慮しつつ、適切な教育的支援を行うこと、個別の教育支援計画の作成（中略）及び個別の指導に関する計画の作成の推進、いじめの防止等のための対策の推進その他の支援体制の整備を行うことその他必要な措置を講ずるものとする」
（発達障害者支援法第8条第1項）

[関連する法令]

〈発達障害者支援法〉
第1条　この法律は、発達障害者の心理機能の適正な発達及び円滑な社会生活の促進のために発達障害の症状の発現後できるだけ早期に発達支援を行うとともに、切れ目なく発達障害者の支援を行うことが特に重要であることに鑑み、障害者基本法（昭和45年法律第84号）の基本的な理念にのっとり、発達障害者が基本的人権を享有する個人としての尊厳にふさわしい日常生活又は社会生活を営むことができるよう、発達障害を早期に発見し、発達支援を行うことに関する国及び地方公共団体の責務を明らかにするとともに、学校教育における発達障害者への支援、発達障害者の就労の支援、発達障害者支援センターの指定等について定めることにより、発達障害者の自立及び社会参加のためのその生活全般にわたる支援を図り、もって全ての国民が、障害の有無によって分け隔てられることなく、相互に人格と個性を尊重し合いながら共生する社会の実現に資することを目的とする。

特別支援教育・就学への支援

5 就学困難な児童生徒への援助

義務教育の円滑な実施のために行われる就学援助。
就学援助の実施主体は市町村で、国がその経費を補助。

◆ **就学援助（就学保障）義務**

　憲法第26条を受け、教育基本法第4条は経済的地位によって教育上差別されないこと、また、経済的理由によって修学が困難な者に対して国及び地方公共団体が奨学の措置を講じる義務があることを規定している。さらに、学校教育法第19条は、経済的理由によって就学困難と認められる学齢児童生徒の保護者に対して、市町村が必要な援助を与えなければならないとしている（＝学校教育法に基づく就学援助）。なお、就学援助にはこのほかに、生活保護法に基づく教育扶助（厚生労働省所管）がある。

◆ **就学奨励法による援助**

　市町村の行う就学援助に対し、国は「就学困難な児童及び生徒に係る就学奨励についての国の援助に関する法律」（就学奨励法）等に基づいて必要な補助を行っている。国は、市町村が、学齢児童生徒の保護者で生活保護法に規定する要保護者（ただし、生活保護法の教育扶助が行われている場合の保護者を除く。）に対して学用品またはその購入費、通学に要する交通費、修学旅行費を支給する場合は、予算の範囲内で経費を補助する（就学奨励法第2条）。

◆ **その他の就学援助**

　就学奨励法による援助のほかには、学校給食法による学校給食費の補助、学校保健安全法による保健医療の援助、独立行政法人日本スポーツ振興センター法による災害共済掛金の補助、特別支援学校への就学奨励に関する法律（特別支援学校就学奨励法）による特別支援学校への就学援助等がある。

　特別支援学校（小・中学校の特別支援学級も含む）への就学援助は、児童生徒の就学にあたり保護者等が多額の経費を必要とするなどの特殊事情にかんがみ、保護者等の経済的負担能力の程度に応じて、経費の全部または一部を国及び地方公共団体が支給するものである（＝特別支援教育就学奨励費）。

●就学援助をめぐる法制度

憲法第26条：教育を受ける権利・義務教育
⬇
教育基本法第4条：教育の機会均等 ＊国及び地方公共団体による奨学措置
⬇
学校教育法第19条：市町村の就学援助義務
⬇
【国の補助】
就学奨励法：学用品費、交通費、修学旅行費
特別支援学校就学奨励法：教科書購入費、交通費、寄宿舎居住経費等
学校給食法：学校給食費
学校保健安全法：保健医療
独立行政法人日本スポーツ振興センター法：災害共済掛金

＋生活保護法…【教育扶助】

特別支援教育就学奨励費

　障害のある児童生徒が特別支援学校や小学校・中学校の特別支援学級等で学ぶ際に、保護者が負担する教育関係経費について、家庭の経済状況等に応じ、国及び地方公共団体が補助する仕組み。なお、平成25（2013）年度より、通常の学級で学ぶ児童生徒（学校教育法施行令第22条の3に定める障害の程度に該当）についても補助対象に拡充している。
　対象とする経費は、通学費、給食費、教科書費、学用品費、修学旅行費、寄宿舎日用品費、寝具費、寄宿舎からの帰省費などがある。

[関連する法令]

〈教育基本法〉
第4条
3　国及び地方公共団体は、能力があるにもかかわらず、経済的理由によって修学が困難な者に対して、奨学の措置を講じなければならない。

〈学校教育法〉
第19条　経済的理由によつて、就学困難と認められる学齢児童又は学齢生徒の保護者に対しては、市町村は、必要な援助を与えなければならない。

〈就学困難な児童及び生徒に係る就学奨励についての国の援助に関する法律〉
第1条　この法律は、経済的理由によって就学困難な児童及び生徒について学用品を給与する等就学奨励を行う地方公共団体に対し、国が必要な援助を与えることとし、もつて小学校、中学校及び義務教育学校並びに中等教育学校の前期課程における義務教育の円滑な実施に資することを目的とする。

6 特別支援教育・就学への支援

教育扶助とその方法

生活保護法に基づいて行われる教育扶助。
要保護世帯の自立支援策として、その充実が求められる。

◆ 生活保護法に定める教育扶助

　教育扶助は就学援助の1つであり、厚生行政の一環として、生活保護法に基づき、困窮のため最低限度の生活を維持することのできない者（「要保護者」）に対し、義務教育を受けるのに必要な費用を扶助するものである。生活保護法の目的は、「日本国憲法第25条に規定する理念に基き、国が生活に困窮するすべての国民に対し、その困窮の程度に応じ、必要な保護を行い、その最低限度の生活を保障するとともに、その自立を助長すること」（生活保護法第1条）であり、同法では保護の一種として教育扶助を定めている。

　教育扶助は、①義務教育に伴って必要な教科書その他の学用品、②義務教育に伴って必要な通学用品、③学校給食その他義務教育に伴って必要なものについて行われる。すなわち、教育扶助の範囲は義務教育に限定されている。ただし、教育扶助ではないものの、2005（平成17）年度からは、「高等学校等就学費」が「生業扶助」として支給されることになった。

◆ 教育扶助の方法

　教育扶助の方法は、原則として金銭給付である。ただし、金銭給付が不可能ないし不適当な場合には、現物給付によることができる。給付は、被保護者（「現に保護を受けている者」のこと）、その親権者・未成年後見人、または被保護者の通学する学校の長に対して行われる。教育扶助の基準額は、厚生労働省告示「生活保護法による保護の基準」に示されており、現在の基準額（月額）は、小学校が2,210円、中学校が4,290円である。

　なお、生活保護法は、「他の法律に定める扶助は、すべてこの法律による保護に優先して行われるものとする」（第4条第2項）と規定しており、学校教育法に基づく就学援助は、生活保護法に基づく教育扶助に優先して行われるものとされている。

●就学援助とそのしくみ

就学援助
学校教育法に基づく就学援助（文部科学省所管）
生活保護法に基づく教育扶助（厚生労働省所管）

●教育扶助の基準額（月額）（平成29年4月現在）

区分 \ 学校別	小学校	中学校
基準額	2,210円	4,290円
教材代	正規の教材として学校長又は教育委員会が指定するものの購入に必要な額	
学校給食費	保護者が負担すべき給食費の額	
通学のための交通費	通学に必要な最小限度の額	
学習支援費（月額）	2,630円	4,450円

[関連する法令]

〈生活保護法〉
第13条　教育扶助は、困窮のため最低限度の生活を維持することのできない者に対して、左に掲げる事項の範囲内において行われる。
　一　義務教育に伴つて必要な教科書その他の学用品
　二　義務教育に伴つて必要な通学用品
　三　学校給食その他義務教育に伴つて必要なもの
第32条　教育扶助は、金銭給付によつて行うものとする。但し、これによることができないとき、これによることが適当でないとき、その他保護の目的を達するために必要があるときは、現物給付によつて行うことができる。
　2　教育扶助のための保護金品は、被保護者、その親権者若しくは未成年後見人又は被保護者の通学する学校の長に対して交付するものとする。

1 健康・体力づくりと食育

児童福祉と保護

食育の推進と栄養教諭の積極的な活用。
学校給食におけるアレルギー対策の徹底。

◆ 食育の推進と栄養教諭の活用

　「体力・運動能力調査」（文部科学省）によると現代の子ども達は、体格は親世代を上回るが、体力・運動能力はここ数年ゆるやかな向上傾向を示しているものの依然として低い水準になっている。体力の低下は、生活習慣病の危険性の高まりなどにつながることが懸念され、体力の向上や望ましい食生活の確立が課題とされている。そこで、食育の推進などを目的として2005（平成17）年から栄養教諭制度が導入されている。栄養教諭は食に関する指導（肥満、偏食、食物アレルギーなどの児童生徒に対する個別指導や学級担任との連携による集団的な食に関する指導）と学校給食の管理を職務とする県費負担教職員（公立小中学校）であり、設置の判断を都道府県教育委員会が行っている。

◆ 食育基本法

　2005（平成17）年には、「食育基本法」が制定され、食育の推進体制が整えられた。同法では、食育を、食に関する適切な判断力を養うことや、多様な経験を通じて「食」に関する知識と「食」を選択する力を習得し、健全な食生活を実践することができる人間を育てることの必要性を述べている。

◆ 食育と学校におけるアレルギー対策

　2014（平成26）年3月には「今後の学校給食における食物アレルギー対応について」が出され、学校給食におけるアレルギー対策が強化されている。そこでは、「医師の適切な診断による学校生活管理指導表の提出と活用」「保護者との情報共有の徹底」「食物アレルギーについての児童生徒への食育の観点からの学習」「食物アレルギー対応の献立作成委員会等の設置」「食物アレルギー対応の要素を組み入れた危機管理マニュアルの見直し」「『エピペン®』の法的解釈や取扱いについての周知（教職員誰もが「エピペン®」を扱えるようになる）」などの対応が学校に求められている。

●「食育」の充実と関連する法律

2005（平成17）年6月　「食育基本法」制定

↓

2008（平成20）年6月　「学校給食法」改正

↓

学校給食を活用した食に関する指導の充実

- 学校給食の目標を改定
- 栄養教諭の創設

「食育」とは…
- 生きる上での基本であり、知育、徳育及び体育の基礎となるべきもの
- 様々な経験を通じて「食」に関する知識と「食」を選択する力を習得し、健全な食生活を実践することができる人間を育てること

（食育基本法より）

●栄養教諭の職務

（1）食に関する指導
　①生徒に対する個別指導（家庭への助言・支援も含む）
　②授業・特別活動などでの指導
　③給食の時間を使った指導
　④その他行事や総合学習の時間、部活動などでの指導

（2）給食の管理…職務として給食の管理を担うため、**管理栄養士**または**栄養士**の資格が必要である

学校栄養職員から栄養教諭への移行　[一定の在職経験] ＋ [所定の単位（講習等を受ける）] → [免許取得]

●食物アレルギーと学校

体制整備
- ・「ガイドライン」や学校生活管理指導表（アレルギー疾患用）の活用と周知
- ・校内委員会の組織、研修会の実施
- ・献立作成の配慮やチェック機能の強化
- ・危機管理マニュアルの整備
- ・アドレナリン自己注射薬「エピペン（登録商標）」の法的解釈や取扱いについての研修、緊急時を想定した実践的な訓練

[**関連する法令**]

〈学校教育法〉
第37条
⑬　栄養教諭は、児童の栄養の指導及び管理をつかさどる。

〈食育基本法〉
第11条　教育並びに保育、介護その他の社会福祉、医療及び保健（以下「教育等」という。）に関する職務に従事する者並びに教育等に関する関係機関及び関係団体（以下「教育関係者等」という。）は、食に関する関心及び理解の増進に果たすべき重要な役割にかんがみ、基本理念にのっとり、あらゆる機会とあらゆる場所を利用して、積極的に食育を推進するよう努めるとともに、他の者の行う食育の推進に関する活動に協力するよう努めるものとする。

第3章　子どもの安全・保健・福祉に関わること

2 児童福祉と保護

放課後児童健全育成事業

放課後の子ども達の安全な活動の確保。
安心・安全な場所における子どもの遊びと学びの形成。

◆ 放課後の子どもへの支援の展開

　文部科学省は1960年代後半から、放課後の子どもの遊びや、体験活動や自然とのふれあい活動等の支援のために「全国子どもプラン」や「子どもの居場所作り新プラン」を実施してきた。厚生労働省もまた、留守家庭児童会への支援や学童保育などを通して放課後対策を行っていた。少子化や核家族化、家庭や地域の教育力の低下、子どもをめぐる事故や事件の発生など放課後の安全の確保が課題となる中で、両省は、2007（平成19）年から「放課後子どもプラン」を実施し、次いで2014（平成26）年に「放課後子ども総合プラン」を発表した。各自治体の取組は2016(平成28)年4月以降、新プランに基づいた活動が実施される計画となっている。

◆「放課後子ども総合プラン」

　「放課後子ども総合プラン」は、共働き家庭等の「小1の壁」の打破や放課後等を安全・安心に過ごし、多様な体験・活動を行うことができるよう、一体型を中心とした放課後児童クラブ及び放課後子供教室の計画的な整備を目的としている。「学校施設を徹底活用した実施促進」「一体型の放課後児童クラブ及び放課後子供教室の実施」「放課後児童クラブ及び放課後子供教室の連携による実施」を柱とし、国全体の目標として平成31年度末までに、放課後児童クラブについて約30万人分を新整備、全小学校区で一体的に又は連携して（1万か所以上で一体型を目指す）実施することが挙げられている。

◆ 目指される子どもの健全育成

　中教審答申「新しい時代を切り開く生涯学習の振興方策について」（2008（平成20）年）では、生きる力を身につけるための学習機会の在り方を「放課後子どもプラン」等の取組を参考に検討することが述べられており、学校においても同取組から学ぶことが求められている。

●放課後の児童の育成事業の状況

文部科学省

- 全国子どもプラン（平成11年度〜）
- 新子どもプラン（平成14年度〜）
- 子どもの居場所作り新プラン（平成16年度〜）

◎地域子ども教室推進事業
「子どもの居場所作り新プラン」における子どもたちの体験活動や地域での交流活動などを支援する取組（平成16年〜）

◎放課後子供教室推進事業
地域の方々の参画を得て、学習やさまざまな体験・交流活動、スポーツ・文化活動等の機会を提供する取組（平成19年〜）

厚生労働省

◎放課後児童健全育成事業
児童福祉法の改正（平成9年）により法制化された事業。労働などの事情により昼間保護者が家庭にいない小学生の児童に対し、授業の終了後に児童館等を利用して適切な遊び及び生活の場を提供。その健全な育成を図る取組

取組の一体化・連携（平成19年〜）

放課後子どもプラン

文部科学省　放課後子供教室　＋　厚生労働省　放課後児童クラブ

放課後子ども総合プラン
（平成28年〜）

○学校施設を徹底活用した実施促進
○一体型の放課後児童クラブ及び放課後子供教室の実施
　全ての児童の安全・安心な居場所を確保するため、同一の小学校内等で両事業を実施し、共働き家庭等の児童を含めた全ての児童が放課後子供教室の活動プログラムに参加できるもの
○放課後児童クラブ及び放課後子供教室の連携による実施
　放課後児童クラブ及び放課後子供教室が小学校外で実施する場合も両事業を連携

[関連する法令]

〈児童福祉法〉
第6条の3
② この法律で、放課後児童健全育成事業とは、小学校に就学している児童であつて、その保護者が労働等により昼間家庭にいないものに、授業の終了後に児童厚生施設等の施設を利用して適切な遊び及び生活の場を与えて、その健全な育成を図る事業をいう。

3 児童福祉と保護

キャリア教育と子ども・若者育成支援

一人一人の社会的、職業的自立に向けて、キャリア発達への支援が重要な課題となっている。
子どもの発達段階に合わせた小学校段階からのキャリア教育が求められている。

◆ キャリア教育の推進

産業構造や社会の変化が進み新しい能力観が示されるなかで、自らの力で生き方を選択できるために必要な能力や態度を身につけるキャリアの形成が求められている。政策的にも、「青少年の奉仕活動・体験活動の推進方策等について」「キャリア教育の推進に関する総合的調査研究協力者会議報告書」等で対策提言がなされ、2004（平成16）年には、文部科学大臣、厚生労働大臣、経済産業大臣等によって、「若者の自立・挑戦のためのアクションプラン」が策定され、小学校段階からのキャリア教育の推進や働く意欲や能力を高める総合的な対策の推進、ジョブカフェ、日本版デュアルシステムの推進等が提言された。

◆ キャリア教育の意義と内容

上記協力者会議報告書では、キャリア教育を「キャリア」概念に基づいて児童生徒一人ひとりのキャリア発達を支援し、それぞれにふさわしいキャリアを形成していくために必要な意欲・態度や能力を育てる教育と捉えている。キャリア教育の基本方向としては、一人ひとりのキャリア発達への支援、「働くこと」への関心・意欲の高揚と学習意欲の向上、職業人としての資質・能力を高める指導の充実、自立意識の涵養と豊かな人間性の育成が挙げられ、体験活動等の活用、社会や経済のしくみについての現実的理解の促進、多様で幅広い他者との人間関係の構築をその方策として挙げている。

◆ キャリア教育に関する法令

2009（平成21）年には「子ども・若者育成支援推進法」が成立し、キャリア教育推進体制が整い始めた。そこでは、子ども・若者の健やかな育成、キャリア教育の基本理念、国や地方公共団体の責務、子ども・若者が社会生活を円滑に営めるようにするための支援、子ども・若者育成支援推進本部の設置等を定め、総合的な子ども・若者育成支援施策の推進が目指されている（同法第1条）。

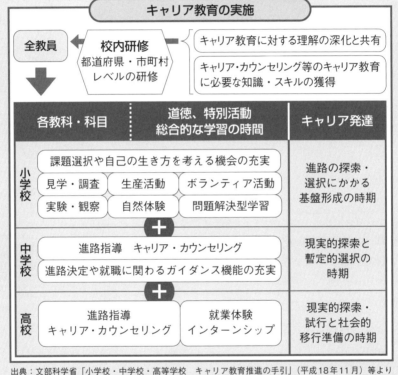

[関連する法令]

〈子ども・若者育成支援推進法〉
第7条 子ども・若者育成支援施策は、基本理念にのっとり、国及び地方公共団体の関係機関相互の密接な連携並びに民間の団体及び国民一般の理解と協力の下に、関連分野における総合的な取組として行われなければならない。

4 児童福祉と保護
年少者への配慮

児童生徒の健全育成のための風俗店の出店規制や少年指導委員の配置。
児童生徒の教育を受ける権利を保障するための労働への従事の制限。

◆ 年少者の健全育成の必要性

　学齢期の児童生徒、あるいは、18歳未満の少年に対しては、その健全育成のためにさまざまな社会的配慮がなされている。法的な側面では、風俗営業及び性風俗関連特殊営業等の営業時間や営業区域等を制限することや、年少者の立ち入りを規制する「風俗営業等の規正及び業務の適正化等に関する法律」(以下、風俗営業法という)が施行されている。同法では、学校や図書館、児童福祉施設の周囲200メートルの区域内では店舗型性風俗特殊営業を営んではならないこと、風俗営業及び性風俗関連特殊営業等において、飲酒や喫煙をしている少年や、風俗店などに出入りしたり、付近をはいかいしている18歳未満の少年に対して補導を行う少年指導委員の設置と役割を規定している。

◆ 学齢期児童生徒の労働への従事制限

　学齢期の児童生徒に関しては、その教育を受ける機会を保障するために労働への従事の制限が行われている。労働基準法では、中学校卒業(満15歳に達した日以後の最初の3月31日の終了)まで、企業は児童生徒を使用してはならないことが定められている。ただし、満13歳以上の児童に関しては、健康及び福祉に有害でなく、労働が軽易なものであれば行政官庁の許可を受けることで修学時間外に使用することができ、映画の製作や演劇の事業については、満13歳に満たない児童についても、修学時間に差し支えなければ使用できる。ただし、児童生徒が労働に従事する場合でも、親権者または後見人は、未成年者に代って労働契約を締結してはならないとされている。

　また、こうした規定を実効あるものにするため、満18歳に満たない者については、年齢を証明する戸籍証明書や修学に差し支えないことを証明する学校長の証明書及び親権者または後見人の同意書の事業場への備えつけを義務づけるなど、さまざまな形で年少者の権利保障や保護が整えられている。

●年少者を守る法律

風俗営業法…善良の風俗と清浄な風俗環境を保持し、及び少年の健全な育成に障害を及ぼす行為を防止するための法律

学校や図書館や児童福祉施設の周囲200メートルの区域内では店舗型性風俗特殊営業を営んではならない（第28条）

少年指導委員の設置（第38条）

社会的信望や熱意、健康、時間的余裕、安定した生活等の条件を満たす者が公安委員会から委嘱される。以下の者を補導することを職務とする。

- 飲酒や喫煙をしている少年
- 風俗営業店や紹介所等に出入りして（あるいは周辺をはいかいして）いる18歳未満の者
- 少年の健全な育成の観点から障害があると認められる行為を行っている少年

この他、午後10時以降にゲームセンター等に18歳未満の者が立ち入ること等も規制されている（第18条）

労働基準法…学齢期の児童生徒の教育を受ける機会を保障するために、労働に関して制限が加えられる（第56条・第57条）

《原則》
企業は、中学校卒業（満15歳に達した日以後の最初の3月31日の終了）しない者を働かせることはできない。

《例外》
- 満13歳以上は、労働条件が一定の基準を満たしており行政官庁の許可を受けることができれば、働くことができる。例）新聞配達など
- 満13歳未満でも映画や演劇の事業については修学時間に差し支えない範囲で就労できる（修学に差し支えないという証明書等が必要）。

[関連する法令]

〈風俗営業等の規制及び業務の適正化等に関する法律〉
第1条　この法律は、善良の風俗と清浄な風俗環境を保持し、及び少年の健全な育成に障害を及ぼす行為を防止するため、風俗営業及び性風俗関連特殊営業等について、営業時間、営業区域等を制限し、及び年少者をこれらの営業所に立ち入らせること等を規制するとともに、風俗営業の健全化に資するため、その業務の適正化を促進する等の措置を講ずることを目的とする。

児童福祉と保護

5 少年の保護と審判

少年法の基本的な考え方は、少年を処罰することではなく、少年の人格の可塑性をもとに少年の更生と保護を行うことである。

◆ 少年の定義及び非行少年の定義と処遇

少年法では、少年を「20歳に満たない者」（第2条第1項）と定義しており、性別にかかわらず「少年」である。非行少年は、①犯罪少年、②触法少年、③虞犯少年の3つに区分されている（右表参照）。

「犯罪少年」に対しては、家庭裁判所が非行事実の有無を調査し、①少年審判、②検察官送致（逆送）、③不処分を決定する。少年審判で保護処分が必要とされた場合、①保護観察、②児童自立支援施設等への送致、③少年院送致のいずれかの措置がなされる。「触法少年」及び14歳未満の「虞犯少年」は、刑事責任能力がないものとして児童福祉法上の措置を優先し、保護手続きの対象となる。保護者に戻すことが優先的に検討されるが、保護者がいない、あるいは、保護者の監護が不適当と判断される場合、都道府県の福祉事務所または児童相談所への通告が選択される。知事又は児童相談所長からの送致で少年審判対象となった場合、一時保護、児童養護施設あるいは児童自立支援施設への収容が選択される。14歳から18歳未満の虞犯少年は、保護者又は警察が家庭裁判所への直接送致・通知と児童相談所への通告を選択できる。

◆ 少年法の理念と少年法の改正

2007（平成19）年に少年法が一部改正され、少年院送致可能な年齢をおおむね12歳とし、家庭裁判所がとくに必要と認める場合に限り14歳未満の少年を少年院に送致できることとなった。また、2014（平成26）年の改正では、国選付添人制度の対象事件の範囲の拡大や不定期刑についてその上限が長期15年、短期10年に引き上げられるなどの処分規定の見直しがなされた。少年法では家庭裁判所で保護更生のための処置を行い、検察に逆送し刑事裁判に付さしめる場合も量刑の緩和などの配慮を規定している。これは、少年の人格の可塑性に着目してのものである。

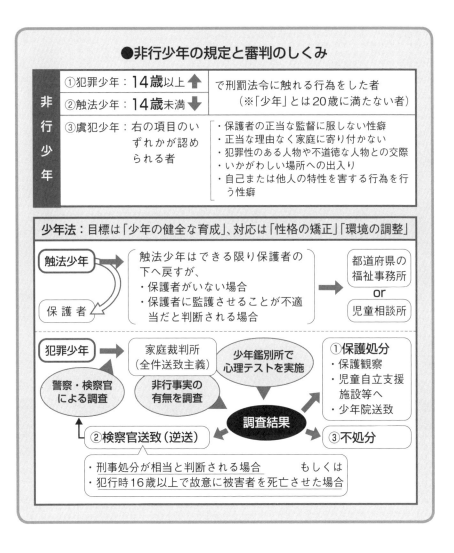

[関連する法令]

〈少年法〉
第1条　この法律は、少年の健全な育成を期し、非行のある少年に対して性格の矯正及び環境の調整に関する保護処分を行うとともに、少年の刑事事件について特別の措置を講ずることを目的とする。
第2条　この法律で「少年」とは、20歳に満たない者をいい、「成人」とは、満20歳以上の者をいう。
2　この法律で「保護者」とは、少年に対して法律上監護教育の義務ある者及び少年を現に監護する者をいう。

第3章　子どもの安全・保健・福祉に関わること　203

6 児童福祉と保護

児童虐待と学校の対応

児童虐待の対処は早期発見と早期対応がカギとなる。
学校には、虐待の早期発見・早期通報が期待されている。

◆ 児童虐待とは

　児童虐待の防止等に関する法律は、児童虐待を、親権者、未成年後見人等、18歳未満の児童を現に監護している保護者が、児童の身体に外傷が生じまたは生じるおそれのある暴行を加えることやわいせつな行為をすること、児童にわいせつな行為をさせること、児童の心身の正常な発達を妨げるような著しい減食または長時間の放置、保護者以外の同居人による放置その他の保護者としての監護を著しく怠ることなどとしている。同法ではさらに児童虐待が児童の人権を著しく侵害し、その心身の成長及び人格の形成に重大な影響を与えるものであるとして、何人も児童に対し虐待をしてはならないと規定している。

◆ 児童虐待の防止と学校の役割

　2004（平成16）年に法改正が行われ、児童虐待の早期発見に関わり通告義務の強化が図られ、学校は児童虐待を発見しやすいことを自覚し、早期発見、速やかな関係機関への通告、被虐待児童生徒への適切な保護、関係機関との連携強化に努めなければならないことなどが規定された。また、「学校等における児童虐待防止に向けた取組について（報告書）」では、学校等の役割として、被虐待児童生徒はどの学校にも存在しうるという危機感の所持、児童生徒の変化に気づきやすいという立場の自覚、早期に関係機関に通告することの必要性、校内体制の整備と組織的対応の重要性が述べられている。

　学校では、児童相談所等の求めに応じて被虐待児童等に関する情報を直接提供することができる（児童虐待防止法第13条の4）。さらに、2016（平成28）年の児童福祉法の一部改正で、要支援児童等（支援を要する妊婦、児童及び保護者）と思われるものを把握した場合は市町村への情報提供に努めることが規定された。妊婦期からの支援は児童虐待の発生防止のために重要とされている。

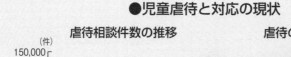

●児童虐待と対応の現状

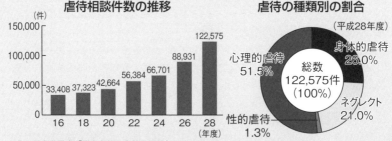

出典：厚生労働省「児童虐待の定義と現状」より
注：虐待の種類別の各割合では小数点第2位以下を切り捨てている

●虐待を受けているとおぼしき児童・生徒への対応

担任等で：子どもは虐待について話せなくともさまざまな形でサインを出しています。子どもの様子の背景に虐待がないかどうかを気をつけてみることが必要です。

複数の教員で：虐待が疑われるときは、管理職に相談し、複数の教員で子どもの様子を把握します。家庭訪問をするなど学校外での子どもの様子についても把握しましょう。

速やかに！：学校で児童虐待が疑われると判断した場合は、児童相談所等へ通告又は相談してください。命の危険がある場合には直ちに児童相談所、警察へも通告してください。

連携して：児童相談所等へ通告後も、協力関係（ネットワーク）を維持して絶えず連絡をとり、情報や方針を共有して、役割分担をしながら支援に取り組むことが大切です。

子ども
①発見
気付き

②複数の教員で
サポート

児童相談所への
通知・相談

③関係機関の連携による
継続的な支援

[関連する法令]

〈児童虐待の防止等に関する法律〉

第5条　学校、児童福祉施設、病院その他児童の福祉に業務上関係のある団体及び学校の教職員、児童福祉施設の職員、医師、保健師、弁護士その他児童の福祉に職務上関係のある者は、児童虐待を発見しやすい立場にあることを自覚し、児童虐待の早期発見に努めなければならない。

3　学校及び児童福祉施設は、児童及び保護者に対して、児童虐待の防止のための教育又は啓発に努めなければならない。

学校安全の推進

●学校安全の組織的取組の開始
　学校への不審者侵入や自然災害により、尊い児童生徒の人命が失われたことは記憶に新しいが、国レベルでは学校安全に関する取組が開始され、教育委員会や学校レベルでの取組の推進が図られている。

●学校保健安全法による規定
　学校安全について定めるのは学校保健安全法であるが、同法第3条では国レベル、地方レベル、各学校で組織的取組をすることが規定されている。

> 第3条　国及び地方公共団体は、相互に連携を図り、各学校において保健及び安全に係る取組が確実かつ効果的に実施されるようにするため、学校における保健及び安全に関する最新の知見及び事例を踏まえつつ、財政上の措置その他の必要な施策を講ずるものとする。
> 2　国は、各学校における安全に係る取組を総合的かつ効果的に推進するため、学校安全の推進に関する計画の策定その他所要の措置を講ずるものとする。
> 3　地方公共団体は、国が講ずる前項の措置に準じた措置を講ずるように努めなければならない。
> 第27条　学校においては、児童生徒等の安全の確保を図るため、当該学校の施設及び設備の安全点検、児童生徒等に対する通学を含めた学校生活その他の日常生活における安全に関する指導、職員の研修その他学校における安全に関する事項について計画を策定し、これを実施しなければならない。

●国レベルでの計画、手引き等
　平成24年に策定された文部科学省「学校安全の推進に関する計画」では平成24～28年度に推進すべき施策の計画が示されるとともに、この他にも文部科学省は関連する「学校防災マニュアル（地震・津波災害）作成の手引き」（平成24年）、「学校の危機管理マニュアル―子どもを犯罪から守るために―」（平成19年）、「学校への不審者侵入時の危機管理マニュアル」（平成14年）などの手引きを策定し、さらに「子ども安全対策支援室」（平成24年）も設置するなど、地方レベルの取組を支援している。

第4章

トラブル対応編

1 休み時間中の生徒間事故に対する学校の安全配慮義務

休憩時間といえども事故が予想される場合には、指導や巡回・教員配置といった防止策を。

◆ 判例に見る休み時間中の児童生徒間事故

　小学校5年生の男子児童が昼休み時間に、生活科室に保管管理されていた木製コマを持ち出し体育館で遊んでいたところ、1人の児童が投げたコマが他の児童の右眼に当たり目に傷害を負った事例がある。この事例では、コマ自体が危険な遊具ではないこと、この事故までにコマ遊びによる事故や危険な状況が発生したことがないこと、コマの管理について懈怠ないこと、体育館内でコマを用いて遊ぶこと自体にも格別の危険性はないことなどから学校が事故を予見し防止する義務を怠ったとは認められないとされた（岐阜地裁判決：平13・12・20）。

　この判例から学ぶべきことは、①この児童らがコマをめぐって争いをしていることが目撃されていた、②コマが金属製の重いものである、③体育館で球技が行われるなど多くの児童がおり過密状態にあった、④以前にコマをめぐる危険なできことや事故が報告されていたなど、事故が予見できていた場合は、判決が変化する可能性があるということである。

◆ 休み時間の事故発生状況

　各学校種により事故の発生の状況や時間帯に差があり、休み時間中にもっとも事故が多いのが小学校で、半数以上の事故が休み時間中に生じている。小学校における事故の発生場所は、運動場・校庭がもっとも多く、ついで体育館、教室、廊下、階段などが続く。なお、中学校と高等学校では、体育系の部活動中がもっとも多くなっており、このため運動場や体育館が事故発生の場所のほとんどを占める（独立行政法人日本スポーツ振興センター『学校の管理下の災害、2016（平成28）年11月。

◆ 学校の安全配慮義務

校長を含む学校の教員には、学校における教育活動によって生じるおそれのある危険から児童生徒を保護すべき職務上の義務を負うとみなされている。これは、安全配慮義務、安全保持義務、安全確保義務、安全注意義務などということもある。法律に規定されているものではなく、判例において信義則上、学校の監督下にある児童生徒に対して当然負うべき義務とされている。

◆ 休み時間中の安全配慮義務

休み時間中の教員の安全配慮義務については、休憩時間であることや、勤務時間中であっても授業準備や教員間の打ち合わせで職員室で過ごす必要があるため、教室を離れ業務を行う合理性があり、授業時間のように児童生徒を目の前にしているときほど強い安全配慮義務が求められるとはいえない。しかしながら、児童生徒が学校の管理下にいる状況にあるため、この義務が完全に免除されることはない。したがって、校長をはじめとして教員は、事故の発生を極力防止する配慮を行う必要がある。たとえば、雨天で校庭が使用できない日には、滑りやすい廊下で事故が起きることが予測でき、あわせて、校舎内で多くの児童生徒が休憩時間をすごすことから児童生徒間事故が生じる可能性も予測すべきである。また、児童生徒同士のけんかやいじめの兆候がある場合は、教員を配置したり巡回させることも必要となる。

すなわち、どのような事故が生じる可能性があるかについて情報を共有した上で事故の発生を予見し、それを防止するための手立てを講ずることが求められる。したがって、すべての休み時間にあらゆる場所に監督者を配置する方法での安全配慮義務が課されているものではなく、また、現実的な対応とはいえないだろう。

◆ 事故を予見し防止することが重要

学校事故裁判では、事故を予見できたかどうか、それへの対応がなされていたかどうかが重要な鍵となっていることからも、実際の事故事例を教訓とし、事故の兆候（児童生徒間の関係、危険な出来事）の情報を収集、共有し、全職員でその防止に努める体制作りを行うなど、安全配慮義務の遂行が求められる。

2 懲戒と体罰の判別

肉体的苦痛の有無が体罰か否かの判断基準、体罰に当たる事例、当たらない事例の熟知が大切。

◆ 毅然とした生徒指導のために

　いかなる体罰も禁止されていることは周知のことである一方、暴力行為やいじめなど、重大な生徒指導上の問題については毅然とした対応が求められており暴力行為を静止したり強めの罰を与える必要もあるため、体罰と指導の違いを適切に把握しなければならない。

◆ 体罰に関する考え方

　文部科学省が示した体罰に関する考え方によると、体罰か否かの判断基準として、「単に、懲戒を受けた児童生徒や保護者の主観的な言動により判断されるのではなく」、「当該児童生徒の年齢、健康、心身の発達状況、当該行為が行われた場所的及び時間的環境、懲戒の態様等の諸条件を総合的に考え、個々の事案ごとに判断する必要がある」としている（「体罰の禁止及び児童生徒理解に基づく指導の徹底について（通知）」文部科学省、2013（平成25）年3月13日）。

　すなわち、体罰に相当するかの判断については、物理的な力の使用＝有形力の使用すべてが体罰に相当するわけではないといえる。判例をみても「生徒の心身の発達に応じて慎重な教育上の配慮のもとに行うべきであり、このような配慮のもとに行われる限りにおいては、状況に応じ一定の限度内で懲戒のための有形力の行使が許容される」（浦和地裁判決：昭60・2・22）とされている。

　なお、部活指導で体罰が問題となったことから「運動部活動での指導のガイドライン」（文部科学省、2013年5月）などの手引きが作成されていることも把握しておきたい。

◆ 適法とされる懲戒の事例

　児童生徒の身体に直接力を加えない、すなわち、有形力の行使以外の方法により行われた懲戒について、それが児童生徒に肉体的苦痛を与えるものでない限り体罰にはあたらないため、必要に応じて懲戒として行うことができる。ま

●認められる懲戒
・放課後等に教室に残留させる。
・授業中、教室内に起立させる。
・学習課題や清掃活動を課す。
・学校当番を多く割り当てる。
・立ち歩きの多い児童生徒を叱って席につかせる。
・練習に遅刻した生徒を試合に出さずに見学させる。

●正当な行為
○児童生徒から教員等に対する暴力行為に対して、教員等が防衛のためにやむを得ずした有形力の行使
　・児童が教員の指導に反抗して教員の足を蹴ったため、児童の背後に回り、体をきつく押さえる。
○他の児童生徒に被害を及ぼすような暴力行為に対して、これを制止したり、目前の危険を回避するためにやむを得ずした有形力の行使
　・休み時間に廊下で、他の児童を押さえつけて殴るという行為に及んだ児童がいたため、この児童の両肩をつかんで引き離す。（後略）

「体罰の禁止及び児童生徒理解に基づく指導の徹底について（通知）」参考事例より

た、児童生徒を守るための正当防衛としての有能力の行使は体罰に相当しない。

◆ 体罰にあたるまたは違法である事例

　一方、同通知では、違法な懲戒についても例示されている。「毅然とした指導」の方法として実施できないことを理解しておく必要がある。
・用便のためにも室外に出ることを許さない、又は食事時間を過ぎても長く留め置く等肉体的苦痛を与えるものは体罰に相当する。
・単に授業に遅刻したこと、授業中学習を怠けたこと等を理由として、義務教育段階の児童生徒を教室に入れず又は教室から退去させ、指導を行わないままに放置することは体罰とは異なるが懲戒の方法としては違法である（やむを得ず教室から退去させる場合に、別室で別の教員が指導を行うなどをすることは認められている）。

3 生徒の暴行に対して、教員がとることのできる対抗措置

説諭や叱責による指導が基本だが、出席停止、停学・退学などの措置や警察との連携が必要になることも。

◆ 学校での暴力件数

小・中・高等学校における暴力行為の発生件数は約5万9千件で、内訳は、小学校約2万2千件、中学校約3万件、高校が校約6千件であり、中学校の件数が多いのが特徴である。また、対教師暴力は8千件、生徒間暴力は3万9千件、器物破損が1万件であり、加害児童生徒のうち関係機関により措置が取られた児童生徒数は、小学校で約2百人、中学校で約1千6百人、高校で約3百人にのぼっている（「平成28年度児童生徒の問題行動・不登校等生徒指導上の諸課題に関する調査・速報値」文部科学省、2017年10月）。

◆ 学校の秩序の保持

暴力事件やいじめが依然として深刻な状況にあるなかで、文部科学省からはいくつかの重要な通知やガイドラインが出されている。なかでも、「問題行動を起こす児童生徒に対する指導について（通知）」（文部科学省（2007（平成19）年2月5日）は示唆的である。

この通知では、「学校の秩序を破壊し、他の児童生徒の学習を妨げる暴力行為に対しては、児童生徒が安心して学べる環境を確保するため、適切な措置を講じることが必要」とした上で、「このため、教育委員会及び学校は、問題行動が実際に起こったときには、十分な教育的配慮のもと、現行法制度下において採り得る措置である出席停止や懲戒等の措置も含め、毅然とした対応をとり、教育現場を安心できるものとしていただきたい」（下線は筆者による）という姿勢を打ち出している。

◆ 暴力行為への対応──児童生徒の安全の確保

まず、当該暴力行為を中止させる必要があり、当該児童生徒の興奮や怒りを鎮めるとともに被害児童生徒やその他の児童生徒の安全確保を図る必要がある。

なお、暴力行為を停止させるためには、口頭での説諭はもちろんであるが、安全の確保など緊急性がある場合は、暴力行為を行う児童生徒の動作を制止させることは体罰に相当しない。このことについては「問題行動を起こす児童生徒に対する指導について（通知）」でも指摘されており、「児童生徒から教員等に対する暴力行為に対して、教員等が防衛のためにやむを得ずした有形力の行使は、もとより教育上の措置たる懲戒行為として行われたものではなく、これにより身体への侵害又は肉体的苦痛を与えた場合は体罰には該当しない。また、他の児童生徒に被害を及ぼすような暴力行為に対して、これを制止したり、目前の危険を回避するためにやむを得ずした有形力の行使についても、同様に体罰に当たらない。これらの行為については、正当防衛、正当行為等として刑事上又は民事上の責めを免れうる」としている。

　さらに校内での傷害事件などをはじめ、犯罪行為の可能性がある場合には、警察に通報しその協力を得て対応することも重要である。学校の教職員としての指導や対応の限界についてもあらかじめ認識を共有することも必要である。また、当該暴力行為によって負傷者がある場合には、適切な応急処置を行いながらも病院への搬送が必要になったり、PTSDなどの症状が見られる場合もカウンセラーや医師などの学校外の専門家や機関との連携を講じる必要がある。

◆ 暴力行為への対応──児童生徒への出席停止と懲戒

　説諭などの生徒指導により暴力行為が解決しない場合、義務教育段階では、いじめや暴力行為を行う児童生徒に対し出席停止措置を行うことも考えられる。これは停学のような懲戒行為ではなく、学校の秩序を維持し、他の児童生徒の教育を受ける権利を保障するために採られる措置であり、さらに重大な結果を招く暴力行為を未然に防ぐため、学校の設置者が設ける基準に従いこの措置を採ることをためらわずに検討することも考えられる。また、高等学校等では、校則や内規に基づいて法的効果のある懲戒である停学処分や退学処分を行うこともありうる。停学により当該生徒に猛省を促し暴力行為を解消させたり、これでも改善が見られない場合、退学により暴力行為をする生徒を学校に立ち入らせないことによる学校の秩序と安全の回復を図らなければならないこともありうる。

4 公立学校における教育情報の公開・開示

指導要録のうち客観評価は開示、記述による所見は非開示の流れ。
児童生徒の評価には根拠や客観性を担保する必要。

◆ 情報開示と学校

　学校評価の導入と対になって学校から保護者、地域への積極的な情報提供が求められる一方、個人情報の保護の観点から、児童生徒や保護者、卒業生が学校の管理する当該児童生徒に関する情報の開示や訂正を求める情報開示請求がなされることがあり、学校内での児童生徒の情報の作成方法のあり方や開示の是非が議論されてきた。

◆ 教育情報の開示請求

　ここでいう教育情報とは、教育委員会が管理する学校教育に関する情報及び各学校が管理する児童生徒に関するすべての情報と考えてよい。2003（平成15）年に整備された個人情報の保護に関する法律によって、教育委員会を含む行政機関は条例や規則等によってそれぞれの機関が保有する個人情報の開示請求を受け付ける窓口の設置が行われた。

　次に、学校の管理する情報であるが、その開示の是非が議論されることが多いのが指導要録と内申書（調査書）である。児童生徒またはその保護者が指導要録の開示を求める場合、当該学校を設置する教育委員会に対して自治体ごとの方法で個人情報の開示請求を行うのが一般的である。1998（平成10）年以降、指導要録の開示を求める請求が増加した時期がある。保護者や児童生徒が学校の指導に不満を持ち、教員の指導要録上の所見がどのように記述されているのかといった評価内容や記録内容に不信を覚え、それらの開示請求がなされたのである。この教育上の開示請求は、指導要録の位置づけや記述方法のあり方に大きな議論をもたらした。すなわち、指導要録は児童生徒や保護者への開示を前提に作成されていないため、開示を是としない教育委員会の判断をめぐり裁判にまでもちこまれることもあった。

◆ 公立小学校の事例

　東京都大田区立小学校で児童の指導要録の開示請求に対する判決では、「各教科の学習の記録」欄中の「Ⅲ　所見」欄、「特別活動の記録」欄、「行動及び性格の記録」欄の部分に記録されている情報は「非開示」となり、それ以外は原則開示の判断がなされた。

　その理由として、「児童の学習意欲、学習態度等に関する全体的評価あるいは人物評価ともいうべきものであって、評価者の観察力、洞察力、理解力等の主観的要素に左右され得るものであるところ、大田区においては、当該情報については、担任教師が、開示することを予定せずに、自らの言葉で、児童の良い面、悪い面を問わず、ありのままを記載していたというのである。このような情報を開示した場合、(中略)、原審が指摘するような事態が生ずる可能性が相当程度考えられ、その結果、指導要録の記載内容が形がい化、空洞化し、適切な指導、教育を行うための基礎資料とならなくなり、継続的かつ適切な指導、教育を困難にするおそれを生ずることも否定することができない」(最高裁判決：平15・11・11) というものである。

◆ 指導要録などへの記入に関する留意点

　以上のように、原則として指導要録等児童生徒に関する教育情報は、個人情報保護基本法制の基本的な考え方に基づいて対応する必要があるといえる。ただし、とくに文章で記述する部分を開示した場合、評価の公正や客観性の確保、本人に対する教育上の影響の面で問題が生ずることなどがあり、指導要録を記述する教員やこれを管理する校長が公開を躊躇する理由であろう。しかしながら、個人情報保護条例では、事務の適正な執行に支障を生ずるおそれがある場合、開示しないことができることになっており、個々の開示の是非については、教育委員会が条例にのっとって判断することになる。

　したがって、各学校で取り組むべきことは、教員が評価の専門的力量を高め、根拠が明確で客観性が確保され、評価の説明が可能な方法で評価をすることに努めること、評価の内容について保護者や児童生徒に十分説明し、共通理解を日常的に図り信頼関係を構築することなどが挙げられる。

5 校則を守らなかったことに対する学校の裁量

説諭などの方法で指導することが原則。
事態によっては退学、停学処分や警察との連携の必要も。

◆ 校則の定義

校則は、学校が教育目的を実現していく過程において、児童生徒が遵守すべき学習上、生活上の規律として定められている（「生徒指導提要」文部科学省、2010（平成22）年4月）。学校教育において、社会規範を遵守するための学習をすることや集団生活での秩序を維持していくためにも校則は必要であることから、校則の存在は教育的意義を有している。

◆ 校則の根拠法令

校則について法令の規定は存在せず、判例で「自立的な法規範」（神戸地裁：平6・4・27）として是認されており、また、「校則は、児童生徒等が健全な学校生活を営みよりよく成長発達していくための一定のきまりであり、これは学校の責任と判断において決定されるべきもの」であり、「日々の教育指導に関わるものであり、児童生徒等の実態、保護者の考え方、地域の実情等を踏まえ、より適切なものとなるよう引き続き配慮する」（「児童の権利に関する条約について（通知）」文部事務次官通知、1994（平成6）年5月）必要があると、その存在や役割については公に認められているといってよい。

したがって、学校運営の責任者である校長は、法律や社会通念の合理的範囲内において校則を制定し、児童生徒の行動などに一定の制限を課することができると考えてよい。

◆ 校則の運用と指導

校則は児童生徒の行動を規制したり方向づけたりするものというよりは、児童生徒が在学する学校の一員として自主的に遵守するものである。しかしながら、実際には、児童生徒の規範の徹底、学校の秩序の維持、教育目標達成などの教育上の必要性から、校則を根拠または基準に生徒指導を行う場面は少なくない。

また、校則は児童生徒が自主的に尊重するものとなるよう、児童生徒の入学後すぐに生徒指導や校則についての説明をすること、それが学校や地域の実情、地域や保護者が学校に期待する内容、学校での教育問題状況などの観点から、絶えず見直しを行い、児童生徒がその存在や内容に十分理解できるよう配慮することも重要なことといえる。

◆ 校則と懲戒処分

　校則の遵守については、児童生徒にその成り立ちや意義について十分理解を図り、自らそれを尊重する指導を進めるべきところであるが、校則から逸脱する児童生徒に対しては、説諭を行い個々の児童生徒に応じた指導を進めるとともに、改善が見られない場合は、叱責などの事実行為としての懲戒を行うことが必要になる。

　しかしながら、児童生徒の問題行動が改善されず、校内の他の児童生徒の安全確保や学校の秩序維持に支障をきたしたり、他の児童生徒への指導に悪影響がある場合、校則を根拠に停学や退学などの法的効果を伴う懲戒処分を行うことになる。このような校則に違反した児童生徒に懲戒の措置をとる場合には、問題の背景や経緯、児童生徒の個々の事情にも十分に留意し、懲戒の措置が単なる制裁的な処分にとどまることなく、その後の指導とともに、児童生徒の反省を促し主体的・自律的に校則を遵守し、行動が改善されるといった、教育的効果とつながるよう配慮しなければならない。

　すなわち、校則からの逸脱行為に対して、説諭など通常の指導の次の段階として、校長は法的効果を伴う懲戒処分を行う裁量を有するといえる。とくに高等学校では、退学や停学処分という生徒の地位や権利に大きな影響を与える処分を行う裁量権が校長には与えられている。なお、校則違反が窃盗や暴行、傷害、薬物の取扱など法令にも触れるような場合には、警察と連携し当該児童生徒に対応することが求められる。

　なお、法的効果を伴う懲戒を行う場合、校則の妥当性や懲戒の合理性を争う訴訟や損害賠償請求訴訟が提起される場合もあるため、とくに高等学校では生徒への停学や退学の処分に関する基準について明確化し、児童生徒や保護者に周知し、家庭等の理解と協力を得るように努めることが重要となる。

6 私費会計をめぐる問題（祝い金の授受など）

会計に関する基礎知識の習得が必須。
誤解を招く現金の受け渡しには透明性を持たせ、相手の感情を慮る配慮を。

◆ 学校が取り扱うお金

　公立学校で取り扱う会計には、公費と私費がある。前者の公費には、都道府県費や市町村費と呼ばれる公金と公金が執行された後学校で取り扱う準公金がある。一方、後者の私費には、校費以外のすべての経費のことであり、学校の責任において校長名で徴収する副教材、給食、修学旅行積み立てなどの「学校徴収金」、学校と密接に関わりのあるPTA等の団体が徴収する「団体徴収金」がある。

　学校が取り扱う会計については、法令に準拠した公正な処理が行われなければならないことは当然といえるが、それにもかかわらず、私費会計については徴収金額の妥当性や不正な使用、不公正な処理などが問題となることがあり、学校の管理者は十分注意を要する。

◆ お祝い金問題

　このお祝い金をめぐる問題が表面化し、裁判が提起されたこともある。2008（平成20）年1月25日の千葉地裁の判決では、船橋市の学校行事の祝い金の取り扱いについて、「祝金は寄付金に当たり受領時から船橋市の収入になった」ものであり、それを学校が茶菓子代等に使用した分については学校側の不当利得と認定し、市長への返還義務を負うとの判断が見られる。また、このほか、仙台市では公文書公開条例に基づいて、学校における祝い金などの帳簿の公開を求める請求事例などもある。

　判決そのものにおいて、祝儀金等を受領してはならないといっているものではないが、近年では、多くの自治体で、公立学校での慶弔費や祝儀金の受領はしないという取り決めにしているところが増えている。上記の2008（平成20）年の千葉地裁判決以後も、横浜市や佐賀市の教育委員会が祝儀金等の辞退をするよう通知を出している。

◆ 分類が難しいお金の処理

　学校には「学校徴収金」に該当する現金以外にも、学校行事に伴い地域から受け取る祝儀や教育実習生の受け入れに伴う謝礼金、各種団体からの寄付金などの現金を取り扱うことがある。正論から言えば、校長が妥当であると判断して受け取る場合には、学校徴収金に準じ私費会計とし適正な会計処理を行うことになる。しかしながら、これらの現金は収入が不定期であること、収入金額の予測ができないことなどから、私費会計上の「学校徴収金」と同様の取扱いができないことが多い。

　そこで、住民や保護者からのあらぬ誤解を招かない取り扱いをするために、次のようなことに注意する必要がある。①お祝い金などの「その他の現金」の管理は出納責任者名義の口座で管理する、②会計年度ごとに金銭出納簿を作成、③支出ごとに支出調書を作成し、出納責任者が確認印を押印する、④校長は年度末に金銭出納簿、支出調書、現金（預金）の照合確認を行い、金銭出納簿に検査確認済の押印をする。

　いずれにせよ、収入の趣旨を踏まえ、学校運営上必要な経費にあてられるべきであり、本来教職員個人が負担すべきものにこの経費をあてるなど、合理性を欠く処理は適切とはいえない。

◆ 学校からの祝儀金の支出

　公立学校からの祭礼時の祝儀金については、各方面から受領した祝儀金等による私費会計から出費しているのであれば、判例にもあるように公金からの出費ということになり、触法性が高いといわざるを得ない。校長等が自らのポケットマネーを使い学校名や職名を記さず個人として祝儀金等を渡す場合も、校長名は地域ではよく知られており、たとえ自身としては私人である個人として祝儀金等を出していると認識していても、受け取る方がどのように認識するかは別問題であり、祭礼時の祝儀金が学校から出されたと受け止められる場合もあることを認識しておくべきである。校長は前例や習慣、住民の感情に配慮しながら地域住民に理解を求め、公立学校における祝儀金の受け渡しは、原則辞退することを前提に今後の対応策を検討する必要がある。

7 学校での生徒指導とプライバシーの保護

生徒指導に関する資料の学外提供やマスコミへの提供時には十分な配慮が必要。

◆ 生徒指導資料記録の管理

　生徒指導は継続的組織的に実施する必要があるため、児童生徒個人の情報や記録の管理が欠かせない。それには法定表簿である指導要録や出席簿だけではなく、学校や教員が必要に応じて主体的に作成した記録があり、生徒指導において、児童生徒理解や指導する際の参考資料として活用されている。

　このように生徒指導に不可欠である児童生徒に関する情報は、教科指導に関する情報等と同様、適切に管理されなければならない。

　生徒指導は警察等、学校外の諸機関と連携して実施することや、進学先の学校から在籍時の情報提供が求められることが考えられる。校長の判断のもと、情報提供がなされる場合、電子メールやFAXの誤送信を防止するなど、生徒指導に関する個人情報の漏洩に注意すべきである。また、学校のホームページへの不正アクセス防止など情報やセキュリティーの確保についても教育委員会と連携し組織的に取り組む必要がある。

　さらに、生徒指導に関する情報を指導要録などに記入する際にも、可能な限り明白な事実や確実な裏づけによる正確な情報に限定するなど、高い客観性のある記録になるよう心がけ、特定の教員による思い込みや偏りのある評価による記述がなされないよう、留意することが大切である。

◆ 指導や対処の際のプライバシー保護

　暴力行為やいじめ、喫煙などの問題行動が起きた場合、タイミングを逃さず毅然とした指導をすることや、被害児童生徒の保護など被害の拡大を防止することが重要である。問題行動を起こした児童生徒への指導のあり方を検討し、原因の究明や今後の対処の方法を決定するために、当該児童生徒に迅速に事実確認を行い、問題行動の事実を正確に把握する必要がある。

　事実確認を行う際には、どの教員が、どのタイミングで、どの児童生徒に対

して、どのような方法で事情を聴取するのかについて、組織的な対応が求められる。その際、プライバシーには十分配慮するとともに、児童生徒の発達の段階に応じた方法や程度で事実確認を行うことが大切である。

さらに、命に関わるような重大な事件が生じた場合、校外の少年などの関与者がある場合、犯罪や刑事事件との関連があると疑われる場合、警察など関係機関との連携を行うことになる。この場合でも、学校が知りえている情報をどの様な方法でどの程度まで伝え共有するか、マスコミや保護者に対してどの程度まで情報公開をすべきか、在校生にどのように状況説明を行うかもよく検討すべきである。この際、被害児童生徒、加害児童生徒、関係する児童生徒のプライバシーに十分配慮すべきで、憶測や思い込みで情報提供を行うことは、関係する児童生徒のこれからの学校生活や社会生活に大きな影響をもたらす可能性があるからである。

◆ マスコミ対応の注意点

児童生徒の自殺、死亡、傷害など重大結果が生じた場合、マスコミの取材への対応が重大な課題となる。基本的には、必ず責任者の承認を得て守秘義務と個人情報保護に注意して取材を受けるなどの対応をすることになる。事実関係を確認しないままの場当たり的な回答や、教員個人の主観的な立場からの回答は、児童生徒のプライバシーや将来に大きな悪影響をもたらすことになり、また、問題を複雑化させる可能性を含むと考えておくべきである。

緊急時の場合、マスコミが殺到したり、長期的に取材を受けることも考えられるため、その対応については、教育委員会と連携の下、あらかじめ学校としての意思や対応の方法を統一するなど、危機管理の一環として対応策を検討しておくことが望ましい。場合によれば、当該問題に対する事実をまとめた文書で、事案の概要、現在までの経過、原因、今後の対策、学校としての見解などを記載した公式見解を作成することが必要になることもある。この場合、学校として守るべき事柄を見極め、マスコミや社会全体に対して、迅速に、責任者が一元的に誠意を持ったていねいな対応をする必要がある。

8 ネット上のいじめへの学校の対応

ネットやSNSのしくみや利用実態への知識を増やす取組を。
被害拡大が速いため、迅速な対応が必要。

◆ ネット上のいじめ実態

　インターネット上のいじめの特徴としては、①不特定多数の者から、特定の子どもに対する誹謗・中傷が絶え間なく集中的に行われ、また、書き込み者を特定することが困難な場合が多いことから、被害が短期間で極めて深刻なものとなること、②匿名性から安易に書き込みが行われている結果、子どもが簡単に被害者にも加害者にもなってしまうこと、③情報の収集や加工が容易にできることから、子どもたちの個人情報や画像がネット上に流出し、それらが悪用されていること、④保護者や教師など身近な大人の認識や知識の不足から、その実態を把握し効果的な対策を講じることが困難であること（「『ネット上のいじめ』から子どもたちを守るために－見直そう！ケータイ・ネットの利用のあり方を－」子どもを守り育てる体制づくりのための有識者会議まとめ【第2次】2008（平成20）年6月）。

◆ 事例と対処方法──掲示板やブログ、プロフに誹謗・中傷や個人情報を無断で掲載された場合

　本人の知らないうちに自分の名前を使われ、「いろいろな人と出会いたい」と掲示板に書き込まれた、無断で写真が投稿される、掲示板上で誹謗中傷が集中的に行われるなどのネット上のいじめについて児童生徒や保護者等からの相談などにより発見された場合、被害児童生徒のケアを行うこと、被害の拡大を防ぐための措置をとることが重要である。

　被害の拡大を防ぐための措置としては、①書き込み内容確認（URLを記録、内容をプリントアウトまたは写真撮影）、②掲示板等の管理者に削除依頼（ページ内にある「管理者へのメール」「お問い合わせ」を利用、削除依頼は個人的に行わず、学校のパソコンやメールアドレスから行う）、③掲示板等のプロバイダーに削除依頼（削除依頼に回答がないときや管理者連絡先不明のときは

プロバイダー、掲示板サービス提供会社等へ削除依頼)、④警察や法務局・地方法務局に相談（上記方法でも削除などの解決ができない場合）などある。

なお、2013（平成25）年に施行された、いじめ防止対策推進法第19条では、インターネットを通じていじめが行われた場合、被害児童生徒・保護者は、該当する情報の削除を求めたり発信者情報の開示を請求する場合、法務局又は地方法務局の協力を求めることができることが規定されている。

◆ 事例と対処方法─LINE等SNSへの対応

児童生徒がスマートフォンやタブレットを使用することが日常的になりつつあり、LINEなどの使用も広がりを見せている。簡単な操作でメッセージが送れることに加え、相手が読んだかどうかも表示されることから、絶えずメッセージを相互に送りあい情報機器を操作する時間が増え、学習や睡眠への影響が懸念されている。また、いじめやマルチ商法につながる可能性もあることから、容認か禁止かという二者択一ではなく、児童生徒の発達段階や実態に応じた指導が求められる。

◆ 児童生徒及び保護者への対応

被害拡大防止措置と並んで重要な対応は、次の①被害児童生徒、②加害児童生徒、③全校児童生徒、④保護者らへの指導や対応である。①では被害を受けた、いじめられた児童生徒を教員全体で守り通すことが重要であり、カウンセリングなども活用し、きめ細やかなケアが求められる。②については、加害者の特定は難しく、仕返しに掲示板に書き込みを行ったなど、書き込みにいたるまでのプロセスを十分調査する必要があり、また、いじめへの対応と同様、加害者への指導によりいじめがエスカレートすることを避ける抜本的な指導と対処が必要である。③では全校児童生徒への指導を行うとともに、モラル教育を学校全体として実施しなければならない。④については、当事者には学校での出来事と対応について報告するとともに、全保護者に対して、家庭での携帯電話やパソコンの取扱い方の確認やインターネット上の危険について注意喚起を行うべきである。いじめ防止対策推進法第19条でも学校は児童生徒とその保護者に対して、インターネットを通じて行われるいじめを防止し対処できるよう啓発活動を行うこととされている。

9 保護者からの理不尽な要求への対応

日ごろからの信頼関係構築、誠意を持った対応が重要。
理不尽な要求には毅然とした対応が求められる。

◆ 増加する要求

　保護者からの理不尽な要求やモンスターペアレントなどの言葉はすでに珍しいものではなくなってきている。保護者の価値観が多様化するなかで、保護者の学校や教職員に関する考え方も変化してきており、理不尽な要求等が繰り返し行われ、学校での対応には時間的・精神的に限界がある事例が多発するにいたっている。

◆ 合理的な指摘と理不尽な要求

　一方、保護者からの要望や要求がすべて理不尽であるというわけではない。従来の学校が経験してきたように、有益な情報であったり、理にかなっていることもあることを忘れてはならない。また、一見、不合理な要望であったとしても、詳しく聴けば保護者や地域の人々の学校への期待や願いであったり、学校への励ましであったりすることも少なくない。さらに、合理的な要望であるにもかかわらず、学校側の対応のまずさから、保護者が感情的になり理不尽な要望をしはじめることもあり、むしろ学校側に改めるべき課題がある場合もある。たとえば、学校の運動場の音がうるさいなどといった苦情は共感すべき部分があるにもかかわらず、学校のほうが先にできたなどと失言をすることなどにより、度重なる電話による苦情になる場合も想定しうる。

◆ 予防──信頼関係の構築

　学校から地域住民や保護者への日常的な挨拶や情報交換（情報提供や要望の聴取）などの機会を積極的に設け、良好な関係を構築することが大切である。保護者に対しては学校便りなどの配布や学校公開週間での学校への招待など、交流する機会が必然的に多くなるが、地域住民に対しても、たとえば運動会等のイベントの開催の通知や騒音や児童生徒の通学のマナーに関するアンケートの実施をするなど、日常的なかかわりをもつことが欠かせない。

学校が住宅街など地域の中心的な場所に存在するものであることに起因する騒音や枯葉などのごみの問題、校庭の土ぼこり、児童生徒の通学のマナーなどに関する苦情より多いのが、教員の指導のあり方に関する苦情だろう。具体的には、教職員の言動、教科等の指導方法、いじめへの指導、不登校への対応、発達障害に関すること、学校運営、校則等に関すること、教育課程・学習評価に関することなどである。

◆ 苦情への対応

　苦情での対応で初期対応ほど重要なものはない。苦情の電話や訪問を長く待たせることや、教員による不用意な反論、教員のそっけない対応、指摘された問題の放置などは、苦情を理不尽な要求に拡大させたり、話がこじれ解決に時間を要する結果となる。苦情の持ち主は、少なからず感情が高ぶっていることを考えると、苦情の内容を正確に聞き取るだけではなく、怒りや悲しみといった気持ちも受容する必要がある。ただし、過度に同情したり、根拠もなく責任を認め謝罪してその場をやり過ごすことなどは避けるべきであろう。

　苦情を聴取した後は、誠意をもって、事実関係の確認、法令や規則等との照会、教育連携、改善策の検討、回答の準備などを進めることになる。

◆ 理不尽な要求への対応

　学校が苦慮する理不尽な要求としては、毎日訪問したり1日に何度も電話があるなど要求の仕方が通常の方法を超えていること、要望内容に合理性を欠く場合がある。この場合も、通常の要望や苦情と同様に、誠意をもって対応する、個人的な見解を告げず組織的な対応を行う、記録をつける、言葉遣いや失言に注意し相手の感情に配慮することが必要となろう。

　ただし、地域でもよく知られたトラブルメーカーで学校だけでは対応できない場合、教育委員会の関係各課と相談を行い、必要に応じて地域の民生委員などの福祉関係者や警察関係者等と連携することが必要となることがある。また、無理難題を押しつけ、金品を要求したり暴力的な振る舞いがある場合、教員の安全の確保の観点から複数の教職員で対応し、理不尽な要求には毅然とした対応を心がけつつ、証拠を残すために会話の録音等も行い、教育委員会、警察、弁護士等と連携して解決する必要が生じる。

編者紹介

窪田眞二（くぼた　しんじ）　1953（昭和28）年生まれ。筑波大学大学院を経て、筑波大学人間系教授等を歴任し、現在は常葉大学教職大学院教授。教育学博士。著書としては『教育法規便覧』（共著）2015年、『教育小六法』（共編著）2015年、『新　校長・教頭・教育管理職試験問題集2016年版』（監修）2015年、『図表でわかる最新の教育課題50』（監修）2015年、いずれも学陽書房刊。埼玉県立学校第三者評価委員長。
　〈執筆担当：まえがき、序章、序章コラム〉

著者紹介（50音順）

小野瀬善行（おのせ　よしゆき）　1976（昭和51）年生まれ。筑波大学大学院を経て、現在は宇都宮大学大学院教育学研究科准教授。専攻は教育制度学。研究テーマは「現代アメリカ合衆国における教員養成制度改革に関する研究」。主たる業績として「米国テキサス州における教員養成評価制度に関する研究―州の教員養成機関に対する機能変容に着目して―」（『日本教師教育学会年報』第16号、pp.130-139、2007年）、『教育の経営・制度（新・教職課程シリーズ）』（共著、一藝社）2014年等。下野市学校適正配置検討委員会会長。。
　〈執筆担当：第2章・勤務条件／コラム、第3章・学校保健〉

古川和人（こがわ　かずと）　1962（昭和37）年生まれ。筑波大学大学院を経て、現在は東京女子体育大学教授・明治大学兼任講師。博士（学術）。専攻は、教育行財政。研究テーマは、教育財政史。主要な業績として、「戦後六・三制発足期における新制中学校独立校舎建設に伴うコミュニティ・ファイナンスの研究―静岡県町村教育費における財源としての寄附に焦点づけて―」『地方教育史研究』（全国地方教育史学会紀要第37号、2016年）等がある。
　〈執筆担当：第2章・教員の服務／研修・資格／教員のコンプライアンス〉

平田敦義（ひらた　あつよし）　1972（昭和47）年生まれ。筑波大学大学院を経て、現在は帝京科学大学教育人間科学部准教授。専門は教育行政学、教育法制論。研究テーマは、各自治体の教員採用施策、学校と地域の諸機関の連携、学校と教員に課せられる児童生徒の安全に配慮する義務など。教員採用試験・管理職試験受験者対象の著書に『必携学校小六法』（共著）2018年、『いまからがんばる教育法規』2013年、いずれも協同出版刊など。

　〈執筆担当：第3章・学校安全／コラム、第4章〉

藤田祐介（ふじた　ゆうすけ）　1975（昭和50）年生まれ。筑波大学大学院を経て、現在は武蔵野大学教育学部准教授。専攻は、教育行政学、教育政策史。
著書・訳書に『教育委員会制度再編の政治と行政』（共著、多賀出版）2003年、『教育学の教科書―教育を考えるための12章』（共著、文化書房博文社）2008年、『スクールリーダーのための教育政策研究入門』（共訳、東信堂）2008年、『学校教育とカリキュラム』（共著、文化書房博文社）2009年、『教育における「政治的中立」の誕生―「教育二法」成立過程の研究』（共著、ミネルヴァ書房）2011年、『日本の教育文化史を学ぶ―時代・生活・学校』（共著、ミネルヴァ書房）2014年、『学校の制度を学ぶ』（編著、文化書房博文社）2015年などがある。

　〈執筆担当：第1章・児童・生徒の在学／教育課程、第3章・特別支援教育・
　　就学への支援〉

柳林信彦（やなぎばやし　のぶひこ）　1973（昭和48）年生まれ。筑波大学大学院を経て、現在は高知大学人文社会科学系教育学部門教授。専攻は教育行政学。
著書・論文に、『教育委員会制度再生の条件』（共著、筑波大学出版会）2009年、『スクールリーダーのための教育政策研究入門』（共訳、東信堂）2008年、「高知における首長と教育委員会の協働による地域教育課題解決―教育振興基本計画と学力向上施策に着目して―」『日本教育行政学会創立50周年記念誌』、2016年などがある。高知市教育振興基本計画策定委員長、須崎市教育振興基本計画策定副委員長、高知県公立中学校夜間学級設置検討委員長等。

　〈執筆担当：第1章・教育の基本／学校経営・管理職の職務／コラム、第3章・
　　児童福祉と保護〉

すぐわかる！ 教育法規 第2次改訂版

2011年5月24日　初版発行
2015年6月25日　改訂版発行
2018年5月23日　第2次改訂版発行

編 者	窪田　眞二（くぼた　しんじ）
発行者	佐久間重嘉
発行所	株式会社 学陽書房
	〒102-0072　東京都千代田区飯田橋1-9-3
営業部	TEL 03-3261-1111　FAX 03-5211-3300
編集部	TEL 03-3261-1112
	振替口座　00170-4-84240
	http://www.gakuyo.co.jp/

装丁／佐藤 博　DTP制作／メルシング　岸 博久
印刷・製本／三省堂印刷
© Shinji Kubota 2018, Printed in Japan　ISBN978-4-313-64092-4 C2037

※ 乱丁・落丁本は、送料小社負担にてお取替え致します。

JCOPY〈出版者著作権管理機構 委託出版物〉
本書の無断複製は著作権法上での例外を除き禁じられています。複製される場合は、そのつど事前に、出版者著作権管理機構（電話03-3513-6969、FAX03-3513-6979、e-mail: info@jcopy.or.jp）の許諾を得てください。